宫殿怀古

古风犹存的历代华宫

肖东发 主编　张灵芝 编著

中国出版集团

现代出版社

图书在版编目（CIP）数据

宫殿怀古：古风犹存的历代华宫 / 张灵芝编著. — 北京：现代出版社，2014.7（2019.1重印）

ISBN 978-7-5143-2291-0

Ⅰ．①宫… Ⅱ．①张… Ⅲ．①宫殿－古建筑－介绍－中国 Ⅳ．①K928.74

中国版本图书馆CIP数据核字（2014）第163389号

宫殿怀古：古风犹存的历代华宫

主　　编：肖东发
作　　者：张灵芝
责任编辑：王敬一
出版发行：现代出版社
通信地址：北京市定安门外安华里504号
邮政编码：100011
电　　话：010-64267325　64245264（传真）
网　　址：www.1980xd.com
电子邮箱：xiandai@cnpitc.com.cn
印　　刷：三河市华晨印务有限公司
开　　本：710mm×1000mm　1/16
印　　张：10
版　　次：2015年4月第1版　　2021年3月第4次印刷
书　　号：ISBN 978-7-5143-2291-0
定　　价：29.80元

　　党的十八大报告指出："文化是民族的血脉，是人民的精神家园。全面建成小康社会，实现中华民族伟大复兴，必须推动社会主义文化大发展大繁荣，兴起社会主义文化建设新高潮，提高国家文化软实力，发挥文化引领风尚、教育人民、服务社会、推动发展的作用。"

　　我国经过改革开放的历程，推进了民族振兴、国家富强、人民幸福的中国梦，推进了伟大复兴的历史进程。文化是立国之根，实现中国梦也是我国文化实现伟大复兴的过程，并最终体现为文化的发展繁荣。习近平指出，博大精深的中国优秀传统文化是我们在世界文化激荡中站稳脚跟的根基。中华文化源远流长，积淀着中华民族最深层的精神追求，代表着中华民族独特的精神标识，为中华民族生生不息、发展壮大提供了丰厚滋养。我们要认识中华文化的独特创造、价值理念、鲜明特色，增强文化自信和价值自信。

　　如今，我们正处在改革开放攻坚和经济发展的转型时期，面对世界各国形形色色的文化现象，面对各种眼花缭乱的现代传媒，我们要坚持文化自信，古为今用、洋为中用、推陈出新，有鉴别地加以对待，有扬弃地予以继承，传承和升华中华优秀传统文化，发展中国特色社会主义文化，增强国家文化软实力。

　　浩浩历史长河，熊熊文明薪火，中华文化源远流长，滚滚黄河、滔滔长江，是最直接的源头，这两大文化浪涛经过千百年冲刷洗礼和不断交流、融合以及沉淀，最终形成了求同存异、兼收并蓄的辉煌灿烂的中华文明，也是世界上唯一绵延不绝而从没中断的古老文化，并始终充满了生机与活力。

　　中华文化曾是东方文化摇篮，也是推动世界文明不断前行的动力之一。早在500年前，中华文化的四大发明催生了欧洲文艺复兴运动和地理大发现。中国四大发明先后传到西方，对于促进西方工业社会的形成和发展，曾起到了重要作用。

中华文化的力量，已经深深熔铸到我们的生命力、创造力和凝聚力中，是我们民族的基因。中华民族的精神，也已深深植根于绵延数千年的优秀文化传统之中，是我们的精神家园。

　　总之，中华文化博大精深，是中国各族人民五千年来创造、传承下来的物质文明和精神文明的总和，其内容包罗万象，浩若星汉，具有很强的文化纵深，蕴含丰富宝藏。我们要实现中华文化伟大复兴，首先要站在传统文化前沿，薪火相传，一脉相承，弘扬和发展五千年来优秀的、光明的、先进的、科学的、文明的和自豪的文化现象，融合古今中外一切文化精华，构建具有中国特色的现代民族文化，向世界和未来展示中华民族的文化力量、文化价值、文化形态与文化风采。

　　为此，在有关专家指导下，我们收集整理了大量古今资料和最新研究成果，特别编撰了本套大型书系。主要包括独具特色的语言文字、浩如烟海的文化典籍、名扬世界的科技工艺、异彩纷呈的文学艺术、充满智慧的中国哲学、完备而深刻的伦理道德、古风古韵的建筑遗存、深具内涵的自然名胜、悠久传承的历史文明，还有各具特色又相互交融的地域文化和民族文化等，充分显示了中华民族的厚重文化底蕴和强大民族凝聚力，具有极强的系统性、广博性和规模性。

　　本套书系的特点是全景展现，纵横捭阖，内容采取讲故事的方式进行叙述，语言通俗，明白晓畅，图文并茂，形象直观，古风古韵，格调高雅，具有很强的可读性、欣赏性、知识性和延伸性，能够让广大读者全面接触和感受中国文化的丰富内涵，增强中华儿女民族自尊心和文化自豪感，并能很好继承和弘扬中国文化，创造未来中国特色的先进民族文化。

2014年4月18日

宫殿雄风——四大古宫

誉为天下第一台的章华宫 002

被夫差视为仙境的姑苏台 010

秦孝公迁都咸阳修奢华宫室 015

秦始皇为炫德威建阿房宫 021

千古辉煌——汉代四宫

028 由秦代兴乐宫改建的长乐宫

033 历史上存在时间最久的宫殿

036 建在秦章台上的绝代皇宫

042 皇帝居所和后妃宫室建筑

046 汉宫内的六大文化性建筑

050 未央宫内的娱乐性建筑

056 汉武帝为显国威修建章宫

061 汉武帝在林光宫旁建甘泉宫

067 甘泉宫内宏伟壮观的角楼建筑

唐朝皇宫——大明宫

072　唐太宗为太上皇建大明宫

078　唐高宗为武后重建宫殿

081　大明宫设计建造的传说

085　大明宫的丹凤门和玄武门

091　坐落于南北中轴线的三大殿

101　宫内各殿的设置与功能

南宽北窄的楔形建筑格局　121

随着大唐王朝陨落的大明宫　129

盛唐离宫——华清宫

拥有千年历史的皇家离宫　136

唐朝在华清宫的奢侈中没落　141

四大古宫

　　章华台位于湖北省潜江龙湾，是楚灵王于公元前535年主持修建的离宫。当时，这座宏大的建筑被誉为"天下第一台"。

　　姑苏台在苏州城外西南隅的姑苏山上。公元前492年，吴王夫差战胜越国后修建。

　　咸阳宫位于陕西省咸阳市东。公元前350年，秦孝公迁都咸阳，开始营建宫室。

　　阿房宫是秦朝宫殿，始建于公元前212年。阿房宫宫殿之多、建筑面积之广、规模之宏大，在当时都是世界之最。

誉为天下第一台的章华宫

在西汉史学家、文学家司马迁所著的《史记》中，有一篇《廉颇蔺相如列传》，文中记载："秦王坐章台见相如。相如奉璧奏秦王。"其中"章台"，就是"章台宫"。

古时章台宫一带，最初是王孙公子等纨绔子弟游赏取乐的地方。后来，由"章台宫"延伸出了"章台""章台路"和"章台街"等称谓。

在《汉书·张敞传》中就有"走马过章台街"的记载。唐代著名诗人

■ 司马迁（公元前145或前135—约前87），字子长，西汉时期伟大的史学家、文学家，被后人尊为"史圣"。他最大的贡献是创作了我国第一部纪传体通史《史记》。《史记》被列为"二十五史"之首。

■楚国文化公园

李商隐在《对雪》中有："梅花大庾岭头发，柳絮章台街里飞。"

宋代文学家欧阳修在《蝶恋花》中也有关于章台的记载："玉勒雕鞍游冶处，楼高不见章台路。"在我国其他的文史中，此类记载不胜枚举。

被誉为"天下第一台"的章华宫，始建于春秋时期楚灵王继位的当年。整个工程历时5年，于公元前535年宣告落成。楚灵王不惜耗费人力和物力，大兴土木，建造了这座豪华、壮丽的宫殿园林。可见其国力的强盛。

在春秋后期，楚国日臻强盛，开始虎视中原。为了炫耀国力，威镇诸侯，楚灵王"穷土木之技，殚珍府之宝"，费时数年，建造了章华宫这座宏伟壮观的离宫。

据说，章华宫落成之后，楚灵王邀请天下诸侯前

诸侯 古代中央政权所分封的各国国君的统称。周朝分公、侯、伯、子、男五等，汉朝分王、侯二等。周朝制度，诸侯名义上需服从王室政令，向王室朝贡、述职、服役以及出兵勤王等。汉时诸侯国由皇帝派相或长吏治理，王、侯仅食赋税。

■ 出土的楚国三仕女画像砖

来游乐，可是只有鲁昭公一人应邀而来。以后到楚国访问的国君和使者，大都到过章华宫。

处于偏远北方的狄国使者访问楚国时，也在章华宫受到了楚灵王的热情款待。这位使者在登临章华宫时，中途休息了3次，因此，人们又称章华宫为"三休台"。由此可以想象出，这巍巍仡立的章华宫的确是高耸入云了。

离宫建成之后，楚灵王搜罗天下的细腰美女藏于宫中，离宫又名"细腰宫"。

楚灵王为了让美女们保持细腰而令她们节食，不少女子因饥饿而死，故有"楚王好细腰，国人多饿死"的说法。

当楚灵王在章华宫中沉迷于享乐之时，一场宫廷

离宫 在国都之外为皇帝修建的永久性居住的宫殿，皇帝一般在固定的时间都要去居住。离宫也泛指皇帝出巡时的住所。

楚灵王 初名围。公元前541年，他的侄子生病卧床，于是借口入宫探病之时，他用束冠的长缨将侄子勒死，而后自立为楚国国君，更名为虔。他继位时，正是楚国与晋国平分霸权的时候。

■ 楚国石刻

政变正在向他逼近。当初遭到他迫害而被迫逃离楚国的3个弟弟暗中串通，在其他两国的帮助下，3个弟弟返回了郢都，杀死了灵王的两个儿子，并宣布废掉灵王，另立新王。

事成之后，3个弟弟派人迅速赶到灵王的另一所大型游宫，即乾溪宫去通报废立结果。同时，还向群臣宣布，先回郢都者保留职位和家产，若不回去则依法严惩。

楚灵王本来早已失去人心，大臣们一听到这个消息，就立刻弃灵王而去了。

成为孤家寡人的楚灵王独自西行，途中听说两位皇子被杀，他痛哭流涕地说道："寡人杀别人的儿子杀得太多，没想到今天竟也落得如此下场啊！"

又累又饿的楚灵王倒在路边昏睡过去了，梦中灵王又依稀回到了那座象征他权力和欲望的章华宫。亭台楼榭，歌舞升平，美酒佳肴，群臣恭立。

饥肠辘辘的楚灵王飞快地冲到香气扑鼻的美食跟前，准备饕餮一

颓废的楚国君王塑像

■ 尉迟恭（585—658），鲜卑族人。我国唐朝名将，后封鄂国公。尉迟恭纯朴忠厚，勇武善战，一身戎马倥偬，征战南北，驰骋疆场，屡立战功，为唐朝开国立下了汗马功劳。后来尉迟恭被尊为民间驱鬼避邪和祈福求安的门神。

顿时，不料扑了个空，从台上跌落了下来。他醒来一看，哪里有什么富丽堂皇的章华宫呢？连一个人影也没有啊！穷途末路的楚灵王只好在绝望中自缢身亡。

随着楚国的衰亡，楚王和章华宫也随之被毁，一代名胜，仅存遗址。但它所显示出的荆楚古人卓绝的智慧和才干却足以令后人感到骄傲和自豪。

后来，东汉的开国大将马援曾在此修建了百洲寺，唐代开国功臣尉迟恭又加以扩建，并让人绘制"章台晓雾"悬于寺内。现代古画仍存，供文人墨客吊古吟诗。

随着历史的远去，章华宫已经灰飞烟灭。它却足以警示后人：为政之首要得民心，得民心者得天下。

后来，随着考古发掘的深入，这座沉睡于地下2000多年的豪华宫殿遗址又重新展现在世人眼前，它就坐落在湖北潜江西南的龙湾镇。其显露的1号宫殿基址为大型城台建筑，台基分为3层。

一层台基的东侧有一条贝壳路，已显露部分贝口朝下，背向上，互相扣接，砌在路基的细泥中，贝壳排列紧密整齐，成横"人"字纹。

城台建筑的南面和西面均有1米宽的贝壳路，贝

荆楚 特指湖北，湖北古代称为荆楚。荆楚因楚国和楚人而得名，楚人借天时、地利融汇了中原文化和南方土著文化，开创了独具异采的楚文化，是周朝至春秋时期在江汉流域兴起的一种地域文化。荆楚文化是中华民族文化的重要组成部分，渊源远流长，博大精深，具有鲜明的地域特色和巨大的经济文化开发价值。

壳大部分被火烧毁。高台建筑的南面有东、西两个大台阶，大小一样，台阶为土木结构建筑，台阶的四周均用方木垒砌，中间填土。

二层台的南侧也有长廊式建筑，台上分布有两排柱洞。长廊式建筑的西边有地下排水设施，3条陶制的排水管道通向水坑。

排水管的东面有一条南北向的墙及台阶通向回廊，回字形回廊上面两排柱洞排列井然。

二层台北面与回廊之间有一堵墙，墙的中部安有双合门，墙的北侧为立柱和台阶，南侧为门框的安门的门斗。二层台高约1米，面积约60平方米。

三层台呈曲字形，台周边分布有30个半明暗的大型台柱洞，每个柱洞的宽度有1.5米左右。台内埋设有纵横交错的埋地梁的地沟和柱洞，地梁均为固定周边台柱和方木墙带而设置，柱洞为锁住地梁和台上建筑

门斗 在建筑物出入口设置的起分隔、挡风、御寒等作用的建筑过渡空间。冬季时在门外加建一个临时方形小屋，用它来挡住寒风，这叫做门斗。门斗是汉族在东北居住的民居，在房门前安设的一种防寒设施，每到严冬，人们就将门斗安装在正房门前，与外门连接用它来挡住寒风吹入屋中，这是一种保暖的方式。

■ 荆楚建筑

夯土 古代建筑的一种材料。我国古代建筑材料以木为主角，土为辅助，石、砖、瓦为配角。古代的城墙和台基往往是夯筑的。夯土是一层层夯实的，结构紧密，一般比生土还要坚硬，而土色不像生土那样一致，并含有古代的遗物。

而埋设。

夯土台基为板块夯筑而成，夯土有灰褐色和灰黄之分。宫殿毁于大火，建筑遗迹清晰可见。

根据这些已显露的建筑遗迹和四次大规模勘探提供的情况，考古工作者初步推测1号宫殿基址的建筑总体布局是：台基东部为3层台建筑，台北为亭廊环绕的园林式建筑，台周曲廊环绕，台内曲廊穿梭于一、二、三层之间，台东有大河奔流，台西有湖水漾波，堪称人间休闲胜地。

放鹰台1号宫殿基址在建筑方面的主要特点是，规模宏大。该基址占地面积1300平方米，高出地面5米至6米。是建筑规格高，土木结构的高台建筑，大型台柱，台内地梁、台护壁的设置和贝壳路等，属我国建筑史上的首次发现。

放鹰台建筑布局风格奇特，东西高低错落，亭廊

宫殿怀古

古风犹存的历代华宫

■湖北楚园塑像

出土的楚国铜车马

环绕，庭院与园林相间，广场的设置等，在我国东周列国建筑史上十分罕见。为东周时期楚国王室成员活动的中心区域。

龙湾遗址西部黄罗岗遗址周围分布着众多东周时期的文物遗存，此为春秋楚城。龙湾遗址是我国迄今发现的面积最大、规格最高、保存最好和时代最早的楚文化遗址。

阅读链接

关于章华宫的遗址有4种说法：

其一，在今湖北省监利县西北，后有人认为春秋时楚灵王所建章华宫就在这里。称为"华容之章华"。

其二，在今安徽省亳州市东南方向，说楚灵王章华宫就在这里。

其三，在今河南省汝南东，战国楚襄王为秦将白起所逼，逃跑到此地而兴建的，并沿用旧名，即"汝阳之章华"。

其四，在今湖北省沙市，后人附会为灵王所筑，即豫章台。

被夫差视为仙境的姑苏台

姑苏台，又名姑胥台，位于江苏省苏州城外西南隅的姑苏山上。姑苏台遗址就是后来的灵岩山。

姑苏台西依上方山，东濒石湖，山水相映，景致绝佳。春秋时

■姑苏台外景

■越王勾践剑

期，这里曾是吴国的苑囿。南宋时期，是著名的田园诗人范成大在乡间的居憩地。

姑苏台曾是吴王夫差的行宫。在公元前492年，夫差战胜越国之后，便在吴中称王称霸，他得意忘形，骄傲起来。他在国内大兴土木，到处建造宫室和亭台楼阁，作为他享乐无度的"蓬莱仙境"和长生逍遥之地。

越王勾践深知吴王夫差嗜好修建宫室，兴建亭台楼阁，便运用辅国大夫文种的"伐吴计谋"，用重金财物献给吴国君王与臣下，使他们财迷心窍，对越国失去警惕。同时又送去美女以消磨吴王意志，送去能工巧匠和建筑良材，让吴国大造宫殿、高台，耗其资财，疲乏其民力。

越王勾践就是用这些方法，以计取胜，不花大力气去打硬仗，使吴王夫差不知不觉进入他所设计的圈套，越陷越深。

越王勾践 春秋末越国国君，公元前496年至公元前465年在位。因为是大禹的后代，所以姓姒，名勾践，又名菼执。曾败于吴，屈服求和。后卧薪尝胆，发愤图强，终成强国，于公元前473年灭吴。

■《东周列国志》中吴王等画像

宫殿怀古

古风犹存的历代华宫

一次，越王勾践命3000木工入山伐木，一年不归，伐掉大批上等木材。其中有一对巨木，粗可20人抱围，高120米。一棵是有斑纹的梓树，另一棵是梗楠树，木质硬朗而挺拔。

于是，越王勾践命令匠人精工雕刻成盘龙花纹大柱，抹上丹青，又镶嵌白玉，错彩镂金，金光闪闪，光怪陆离。还将所有采伐的良材进行加工，然后派文种大夫献给吴王夫差，建造富丽堂皇的宫殿与高台。

吴王夫差见到这些雕刻精美的木材，龙心大悦，他不听贤臣伍子胥的劝阻，立刻照单全收了这批良材。当时，这批来自会稽的粗大木材，把山下所有的河道、沟渠都塞满了，"木渎"因而得名。

据史书记载："为修造姑苏台材料历经三年才积聚，五年方造成。"

阖闾在世时曾在山上筑烽火高台，观察、预防外来的敌人，而吴王夫差却饰以铜钩玉槛，改建成规模宏大的馆娃宫殿、响屐廊、玩花池、琴台、山顶凿吴王井等。

姑苏台高900米，宽252米，有九曲路拾级而上，登上巍巍高台可饱览方圆50千米范围内湖光山色和田园风光，其景冠绝江南，闻名于天下。

高台四周还栽上四季之花，八节之果，横亘2.5

会稽 古地名，位于浙江绍兴。会稽因绍兴会稽山得名，会稽山是中华九大名山之首，具有非凡的历史地位。公元前2198年，夏禹大会诸侯于此，成立我国第一个朝代"夏"，会稽从此名震华夏，成为中华文明象征。春秋时期，会稽是越国的都城。

千米，还建了灵馆、挖天池、开河、造龙舟、围猎场，以供吴王逍遥享乐。

吴王夫差在那里终日花天酒地，不理朝政，他到哪里，哪里便有亭台楼阁，住到哪里，哪里就有妃嫱、女仆侍奉左右。

夫差为了建造姑苏台，不知耗费了多少黎民百姓的血汗，搜刮了多少百姓的资财。据《吴越春秋》卷九中的《勾践阴谋外传》记载："它使道路常有死者，街巷哭声不绝，百姓困乏，军士痛苦……"

当吴王夫差与美女们沉浸在欢乐逍遥、穷奢极欲之时，越国便展开了对吴国的进攻。在公元前475至公元前473年，越国前后用3年时间把吴国城池团团围困，使吴国城中断粮断炊，百姓饥荒，士兵无力作

伍子胥 吴国大夫、军事家。公元前483年，夫差派伍子胥出使齐国。有人诬陷伍子胥阴谋倚托齐国反吴。夫差听信谗言，将其赐死。伍子胥死前说：请将我的眼睛挖出置于东门之上，我要看着吴国灭亡。在他死后9年，吴国果然为越国所灭。

■复原后吴王宫殿

吴王夫差雕像

■夫差（前？—前473），吴国第二十五任君主。为了洗雪其父阖闾败给越王勾践的耻辱，夫差打败越王勾践。连年的兴师动众，造成国力空虚。而勾践卧薪尝胆，迅速恢复越国国力，图谋报复。后勾践乘虚而入，杀死吴太子，最后夫差自杀身亡。

战，不堪一击，越兵轻易而入，很快就占领了吴国城池。

就在越兵进攻之时，吴王夫差带领亲信狼狈逃窜至姑苏山上，当他们在苟延残喘之际，被追赶的越兵围困山中，上天无路，入地无门，吴王夫差命手下去求和未成。

吴王夫差仰天叹息，后悔当初未听伍子胥的忠告，使自己陷入这等地步，于是用大巾盖脸，自刎而死。

吴王夫差用了8年心血建成的姑苏台，被越兵付之一炬，成了一片废墟。姑苏台的辉煌与兵燹，表明了吴国的兴衰，历史记载着过去，启示着未来。

阅读链接

据史书记载：吴王营建姑苏台的目的：一是"望太湖"，监视越兵动向，以防敌人偷袭；二是"中窥百姓"即暗中窥测境内百姓的动静，以防民众聚众起事。

从而反映出吴国到了阖闾统治的后期，不仅与邻国越国关系十分紧张，已到了剑拔弩张的地步。而且，国内的矛盾也已十分尖锐，大有一触即发之势。

秦孝公迁都咸阳修奢华宫室

公元前350年，秦孝公在仰观天象和俯察地理之后，毅然把都城从临潼的栎阳迁到了山之南水之北的咸阳。选择咸阳作为未来的国都，是秦朝历史的重要转折点。

■ 古都咸阳模型

咸阳四面环山易守难攻，同时处于关中四通八达的交通枢纽，最重要的是咸阳所在的关中地区雄居黄河中游，地势西高东低，可以形成对黄河下游各个诸侯国居高临下之势。统治地位优越，选择咸阳透漏出的是秦王的雄心和抱负。

秦王定都咸阳后，就开始筑冀阙，修宫室，由此拉开了营建秦代咸阳宫的序幕。

咸阳宫的修建首先是用黄土层层夯打垒起一个6米高的夯土台，夯台的最高点是处理政务的主体殿堂，殿堂东西长60米，南北宽45米，周围有回廊环绕。

殿堂西侧有平台，借以远眺。南临露台，可俯瞰全城。北隔甬道与上层相连。上下两层是屋宇，屋宇内有取暖的壁炉和盥洗用的地漏，墙壁上装饰有用黑、赭、红等矿物质绘制的壁画。地面结实坚硬，用鹅卵石打磨光滑后，再涂一层朱砂。

夯台四周有排水池以利于宫殿排水，并配置有使肉类食物不易腐烂的冷藏窖。咸阳宫与其他宫殿之间又有复道、楼阁相连。

这种既能处理朝政，又能就寝、沐浴，并在通风、采光、排水等

■秦始皇战马马车

方面做了合理的安排的多功能台榭建筑，设计精巧，是我国建筑史上新的里程碑。

■ 秦始皇视察蜡像

从此，这座高筑在咸阳城的咸阳宫成为秦国政治、经济、文化的中枢和心脏。

尽管秦国的国君个个称得上英雄豪杰，但在秦建都咸阳144年的历史中，咸阳宫最杰出的主人莫过于秦皇嬴政了。

公元前259年，嬴政出生在赵国邯郸，他的出生与父亲做人质有着直接的关系。

13年后，嬴政登上了咸阳宫九五之尊的宝座。嬴政22岁那年，就在咸阳宫里举行了庄严的加冕仪式。

嬴政登基后，依靠尉缭、李斯等人的辅佐，以海纳百川的胸怀，广招天下的英才，在宏伟的咸阳宫运筹帷幄，一统六国的序幕渐渐拉开……"秦王扫六合，虎视何雄哉！挥剑决浮云，诸侯尽西来"。

尉缭 我国古代军事家。公元前237年入秦游说，被任为国尉，因称尉缭。著名的军事理论家，著有《尉缭子》等兵书，他为秦王嬴政统一六国立下汗马功劳，主张"并兼广大，以一其制"。

六国 战国时期的韩、赵、燕、魏、楚、齐六国，后秦自公元前230年至公元前221年，先后灭六国，统一天下，七国争雄的局面结束。

■ 项羽（前232—前202），我国古代杰出的军事家及著名政治人物。我国军事思想"勇战派"代表人物。秦末随人发动会稽起义，在后来的战役中大破秦军主力。秦亡后，项羽自立为西楚霸王，后在楚汉战争中为汉王刘邦所败，自刎而死，年仅30岁。

公元前221年，39岁的赢政终于实现了自己翦灭六国的雄心，自称"始皇帝"。从此，伴随着咸阳宫每天晚上点燃的灯火，那书写在成捆成堆竹简上的公文，在秦始皇的朱批下"车同轨、书同文、衡同权、法同治"的主张和诏令传向全国。

虽然后来秦朝在渭河以南修建了许多宫殿，但秦始皇仍然"听事，群臣受决事，悉与咸阳宫"。

紫宫 紫薇垣，在古代，人们认为紫薇垣位于天的最高处，共有恒星15颗，这组恒星被认为是天帝所居的宫殿，称为紫宫。

秦帝国建立以后，公元前220年又对咸阳宫进行了大规模的增修和扩建。当时宫门四开，仿效天上的"紫宫"，犹如天子星在人间再现，使咸阳宫更加具有帝王宫殿的气派。

从秦孝公营建咸阳宫到咸阳宫被项羽焚毁，历史上有名的事件，如商鞅变法、司马错伐楚、范雎相秦、荆轲刺秦、焚书坑儒、指鹿为马等都曾发生在这里。

李商隐 晚唐最出色的诗人之一。其诗构思新奇，尤其是一些爱情诗和无题诗，写得缠绵悱恻，优美动人，广为人们所传诵。代表作品有《樊南甲集》《樊南乙集》《玉溪生》《赋》和《文》，等等。

但历史的演进，不会体恤生命个体的悲喜和沉浮，曾经主宰一切的秦始皇，在统一六国的10多年时间里，5次远途巡游。

雄伟的咸阳宫，伴随着始皇帝在河北沙丘的驾崩，即将结束它灿烂的华章。随着帝国大厦的倾覆，咸阳宫被项羽焚烧，时人形容"楚人一炬，可怜焦土"。

唐代著名诗人李商隐也无不感慨地说：

> 咸阳宫阙郁嵯峨，六国楼台艳绮罗。
>
> 自是当时天地醉，不关秦地有山河。

至20世纪70年代中期，经过考古专家的调查和发掘，在秦咸阳宫遗址区发现较大的宫室遗址3组，其中较完整与宏大者为1号遗址。

在咸阳城址北部的阶地上，约相当于城中轴线附近的地方，有一组高台宫殿建筑遗址，它坐落在秦代时的上原谷道的东西两侧，分为跨沟对峙的两部分，西侧为1号遗址，东侧为2号遗址。

西侧遗址保存较为完好，经过遗址复原后可知这是一组东西对称的高台宫殿，由跨越谷道的飞阁把两者连成一体，是极富艺术魅力的台榭复合体。遗址东西长60米，南北宽45米，一层台高6米，平面呈L形，可分为若干个小室。

■秦王宫模型

壁画 墙壁上的艺术，即人们直接画在墙面上的画。作为建筑物的附属部分，它的装饰和美化功能使它成为环境艺术的一个重要方面。壁画为人类历史上最早的绘画形式之一。原始社会人类在洞壁上刻画各种图形，以记事表情，这便是流传最早的壁画。

南部西段的五室排成一列，西边的四室是宫妃居住的卧室，出土有内容丰富的壁画和一些陶纺轮。最东一室内有取暖的壁炉及大型的陶质排水管道，推测可能是浴室。浴室的一角是贮存食物的窖穴。

主体宫室建在高台之上，地表为红色，即所谓的"丹地"，门道上有壁画痕迹，表明这是最高统治者的厅堂。

在1号遗址的西南方，还有一处结构十分复杂的宫殿遗址。已发掘出的阁道两侧饰满彩色的壁画，壁画内容是秦王浩浩荡荡的车马出行图，其中有车马、人物、花木、建筑等题材。

古代的宫廷壁画因为大都毁坏不存，所以这些保存下来的秦代的宫室壁画，具有很高的价值，在我国建筑史和美术史上占有重要地位。

阅读链接

秦国是战国七雄中的强者，它不断蚕食他国，公元前228年向北进犯，已经俘虏了赵王，燕国危在旦夕。燕国的太子丹派荆轲做刺客，意图杀死秦始皇，以解亡国威胁。

荆轲出发前，做了3项准备：由勇士陪同自己行刺，带上秦王一直想杀死的樊姓仇人的人头，再拿上燕国打算献给秦王的最肥沃的燕地督亢地区地图。

荆轲到了秦国后，秦始皇在咸阳宫隆重接待了他。秦始皇见到荆轲后兴奋不已打开地图，但就在地图全部展开时，露出了一把匕首。

荆轲一个箭步跑过去，拿起匕首又拉住秦王，但秦始皇推倒挣脱而逃。围柱追逐一番后，秦王抽剑砍伤荆轲，众大臣侍卫随后用乱刀将荆轲杀死，荆轲刺秦的壮举就这样失败了。

秦始皇为炫德威建阿房宫

西安的阿房宫始建于公元前212年，是秦王朝的巨大宫殿，遗址在今西安西郊的阿房村一带。阿房宫是我国历史上最著名的宫殿建筑群，规模宏大，雄伟壮观，被誉为"天下第一宫"。

阿房宫在历史资料中的记载可谓是凤毛麟角。最终，人们才得出可信度最大的结论。那就是，几千年来人们所传说的阿房宫并非是不存在，而是根本没有建完。

秦始皇当年用了4年时间只建好了坚如磐石的土夯，直到秦始皇去世都没有建成阿房宫。到了秦二世

■秦始皇（前259—前210），秦朝开国皇帝，他创立皇帝制度，在中央实施三公九卿制，地方废除分封制，实行郡县制，统一文字、货币和度量衡等。秦始皇奠定了中国版图的基本格局，把中国推向了大一统时代。

■ 阿房宫正门

丰镐 是丰京和镐京的统称，周朝的都城，在今日陕西省西安市。丰京在河的西岸，镐京则在东岸。早在周文王之时，为向中原地区拓展，就在渭水间筑设丰京；周武王继位，再建镐京，历时300年。丰镐是宗庙和园圃的所在地，镐京为周王居住和理政的中心。丰镐遗址列为全国重点文物保护单位。

时期，他为了完成先皇的遗愿，又召集苦力打算建完阿房宫，而当时各地已经开始纷纷起义，最终阿房宫还是没有建成。

据史籍记载，秦始皇在统一全国的过程中，每征服一个国家，就把这个国家的宫殿用图绘出来，在京城咸阳附近模仿建造。于是，在当时的渭水北岸建成了各具特色的六国宫殿："冀阙""甘泉宫""咸阳宫""上林苑"等。

公元前212年，秦始皇还嫌先王所建的宫廷太小，因而又征发几十万人在渭水南岸修建规模更大的朝宫。北山的石料，楚蜀的木材，都运到了工地。

这个朝宫的设计规模庞大，全部工程直到秦朝灭亡时都没有完成，因而朝宫也没有正式命名，只因前殿所在地名叫阿房，所以人们把这处宫殿叫阿房宫，意即咸阳宫的近旁。

阿房宫只建成一座前殿，位于西周京都丰镐附近，也就是现今的西安市西郊赵家堡和大古村之间。殿廷能容万人，矗立五丈高的大旗，其规模之大令人震惊。

阿房宫规模如此之大，一方面是为了显示皇帝的威严，另一方面是为了容纳更多的朝见者。又收天下兵器熔铸成12个铜人，各重24千克。为防刺客藏兵器入宫，用磁石作为大门。

公元前210年，秦始皇在出巡途中病逝。因为要给他赶修骊山陵墓，也就是现今的秦始皇陵，阿房宫曾一度停工，次年又复工了。

公元前207年，项羽率楚军进入关中。传说项羽放火焚烧了阿房宫，大火3月未熄，阿房宫因而变成

秦始皇陵 秦始皇的陵墓，是世界第八大奇迹，世界文化遗产，国家重点文物保护单位。位于陕西省西安市临潼区骊山脚下。据史书记载，秦始皇从13岁即位时就开始营建陵园，修筑时间长达38年。现存陵冢高76米，陵园布置仿秦都咸阳，分内外两城。

■ 阿房宫前的铜人

台基 建筑用语，即台的基座，又称基座。在建筑物中，系高出地面的建筑物底座。用以承托建筑物，并使其防潮、防腐，同时可弥补我国古建筑单体建筑不甚高大雄伟的欠缺。大致有四种：普通台基、较高台基、更高台基和最高台基。其中最高台基常用于最高级建筑，如故宫，即耸立在最高级台基上。

■ 阿房宫正门

一片废墟。但是，后人经过仔细研究，却始终没有找到阿房宫被烧毁过的证据。

然而，阿房宫经过2000多年的风雨涤荡，尘世沉浮，至今犹存。经专家考古，阿房宫共发掘出了前殿、上天台和磁石门等遗址。

前殿是阿房宫的主体宫殿。前殿现存一座巨大的长方形夯土台基，西起长安县纪阳乡古城村，东至巨家庄，经探测实际长度为1300多米，宽400多米，是我国目前已知的最大的夯土建筑台基。

台基由北向南呈缓坡状。南面坡下探出大面积路土，为一广场，广场南沿有4条道路向南延伸。台基东边和西边是现代挖成的断崖。北边是三层高出地面的台阶。

20世纪50年代初，台上东、西、北三边都有土

■ 复建的阿房宫

梁且连接在一起，现仅残存北边土梁，其高出台面2米多，略短于台长，应为倒塌了的夯土墙，发现有绳纹、布纹瓦片，分别有一戳印，上有"千右，北司"文字。

上天台遗址位于阿房宫村南，俗称"上天台"。上天台台上西北角有一条向西伸出的坡道，直通台下。坡道底宽上窄。台下夯土基向北直至阿房宫村附近。台下北边还残留一段白灰墙迹。台下四周地面散见战国晚期至秦的细绳纹和中绳纹瓦片、几何纹空心砖块、红陶釜片和许多烧红了的土块。

磁石门为秦阿房宫门阙之一。秦阿房宫的建筑以磁石为门，一是为防止行刺者，以磁石的吸铁作用，使隐甲怀刃者在入门时不能通过，从而保卫皇帝的安全。二是为了向"四夷朝者"显示秦阿房宫前殿的神

绳纹 古代陶器的装饰纹样之一。它是一种比较原始的纹饰，有粗绳纹和细绳纹两种。绳纹是在陶拍上缠上草、藤之类绳子，在坯体上拍印而成的，有纵、横、斜，并有分段、错乱、交叉、平行等多种形式。它是新石器时代至商周时期陶器最常见的纹饰。

阿房宫遗址出土的竹简

奇作用，令其惊恐却步。

阿房宫遗址至今风骨犹存，但是这些辉煌建筑都已经不复存在。我们要想知道阿房宫的全貌，也只能从唐代大诗人杜牧的《阿房宫赋》里鉴赏了：

六王毕，四海一。蜀山兀，阿房出。覆压三百余里，隔离天日。骊山北构而西折，直走咸阳，两川溶溶，流入宫墙。五步一楼，十步一阁；廊腰缦回，檐牙高啄；各抱地势，钩心斗角。盘盘焉，囷囷焉。蜂房水涡，矗不知其几千万落。长桥卧波，未云何龙。复道引空，不霁何虹？高低冥迷，不知西东。

阅读链接

阿房宫中的12铜人像是秦始皇集天下兵器所铸造的。传说，秦国有一位将军，名叫阮翁仲，据说此人身高约4米，异于常人，秦始皇派他随蒙恬将军北征匈奴，后来战死疆场。

有一天，秦始皇做了一个梦，梦到阮翁仲将军让他收尽天下兵器以防叛乱。在统一六国后，秦始皇命令收集天下兵器铸其铜人像。

所以后人说：秦始皇销毁兵器和铸造铜人像的根本目的在于防止叛乱，是维护其统治的政治举措。

长乐宫遗址在陕西省西安市西北郊阁老门村。始建于公元前202年，由前殿、宣德殿等14座宫殿台阁组成。

未央宫与长乐宫相隔近500米，是西汉几个小王朝的政治中枢。未央宫始建于刘邦称帝后的第七年，由40多座殿台楼阁组成。

建章宫创建于汉武帝时期，位于未央宫侧旁。建章宫建筑组群的外围筑有城垣。

甘泉宫遗址位于陕西省咸阳城北的凉武帝村，总面积约600万平方米。

千古辉煌
汉代四宫

由秦代兴乐宫改建的长乐宫

在2200多年前，汉高祖刘邦定都长安后，我国历史自此进入了延续200多年的西汉帝国时期。随着西汉帝国的不断繁荣和昌盛，长安城也在不断修建和扩大。

当时，长安城中最大的宫殿是长乐宫。长乐宫原本是秦代的离宫兴乐宫，刘邦定都长安后，便将这里扩建为布政之宫，更名为"长乐宫"。

长乐宫宫城"周回二十里"。

■汉高祖刘邦（前256—前195），汉朝开国皇帝，他参与了推翻暴秦的行动，于公元前206年进入关中要地，推翻秦朝。后来统一全国，建立汉朝。公元前202年登基，建都长安。

■复原后的汉代建筑

据有关考古探测，宫殿面积约6000平方米，约占当时长安城总面积的六分之一。

长乐宫宫城平面形制略呈方形，南墙在覆盎门西有一曲折，其余各墙都为直线。整个宫城为夯筑土墙，厚达20多米。

宫墙四面各设一座宫门，其中东、西两门是主要通道，门外有阙楼，称为东阙和西阙。南宫门与覆盎门南北相对。东、南两面临城墙，西隔安门大街与未央宫相望。

长乐宫内有14所宫殿，均坐北向南。其中前殿位于南面中部，前殿西侧有长信宫、长秋殿、永寿殿、永昌殿等。

前殿北面有大夏殿、临华殿、宣德殿、通光殿、高明殿、建始殿、广阳殿、神仙殿、椒房殿和长亭殿等。另有温室殿、钟室、月室以及秦始皇时在兴乐宫中建造的高达40丈的鸿台。

西汉 又称前汉，与东汉合称汉朝，我国古代秦朝之后的大一统封建王朝。公元前202年刘邦称帝，国号汉，史称西汉，定都长安。公元9年，王莽自立为皇帝，改国号为新，西汉灭亡。

鸿台 秦始皇时所筑高台，是秦朝兴乐宫的旧有建筑，于公元前220年开始建造，高40丈，台上有楼阁，刘邦曾于台上猎射鸿鸟，故称"鸿台"。公元前191年，鸿台曾发生火灾。

■西汉长信宫灯

后来考古发现，长乐宫具有罕见的排水渠道，在一米多深的地下，两组陶质排水管道如两条南北向的巨龙汇聚在一条长达57米的排水渠。

排水渠道由一条排水渠和长短不一、粗细不均的排水管道共同构成。在接纳了来自南方和东方的各个排水管道的污水之后，便向西北方流去。

这组排水设施由两座沉淀池和数段圆形或五角形排水管道组成，两个沉淀池分别位于西部的两个庭院中，有管道相通。进出水管道高低计算精准，从房顶下来的雨水先汇入庭院中的沉淀池中，待杂物沉淀后，清水最后通过压在半地下通道下面的双排水管排到建筑之外。

这样就能保证排水管道不被堵塞，只需定时清理沉淀池就可以了。这充分体现了西汉时期我国皇宫建筑的高超水平。

经过考古勘探和发掘，长乐宫4号宫殿有2000平方米，房子为半地穴式，鹅卵石铺地后砂浆抹平地面，墙壁涂有白灰，并饰有夺目的彩绘壁画，通道和台阶铺有精美的印花砖，显示出独特的审美取向。

后来发掘出的5号宫殿遗址形制独特，遗址围墙特别厚。据专家推测，这里就是用来储藏冰的"凌室"，厚厚的墙壁有利于保持室温，所藏之冰用来储藏食物、防腐保鲜和降温纳凉。考古还发现，长乐宫6号宫殿遗址是一座大型夯土台基，结构精巧。

在长乐宫6号宫殿遗址西部有一组3室的半地下房子和分割的4个庭院。东部是一组夯土围成的庭院，庭院靠西北角有一眼深8米的水井，东边的夯土一直延续至北面30米处的4号遗址。据专家推测，夯土上当初可能是房屋或走廊。

这处规模宏伟的建筑，除了房屋、水井、院落外，紧贴夯土台基的一条半地下通道，专家认为，这极有可能是皇宫中的秘道，是皇族们为了预防不测而设置的安全通道。

长乐宫是西汉初年的皇宫，汉高祖刘邦迁都长安后，就在这里接见群臣与朝会诸侯。因此，长乐宫是

长安 是西安的古称，从西周到唐代先后有13个王朝及政权建都于长安。是我国历史上建都时间最早，历时最长，朝代最多的古都，是我国历史上影响力最大的都城。是中华文明的发扬地、中华民族的摇篮、中华文化的杰出代表。

■汉代车马画像砖

■长乐宫遗址出土的瓦当

当时主要的政治活动中心。

从汉惠帝起，西汉皇帝就移居未央宫听政，长乐宫仅供太后居住，从而形成了"人主皆居未央，而长乐常奉母后"的制度。由于长乐宫在未央宫之东，因此又称为"东宫"或"东朝"。

长乐宫从汉惠帝时就失去了正宫地位，但由于是汉惠帝母后之宫，尤其是在后来吕太后临朝称制以及外戚专权之时，长乐宫仍然是当时左右朝政的政治中心。

西汉末年，王莽篡位，建立了新朝，王莽仍然居住在汉朝宫殿，并将长乐宫更名为"常乐室"，但新朝覆亡时，长乐宫也于战火中焚毁了。

宫殿怀古

古风犹存的历代华宫

阅读链接

韩信是我国历史上的著名将领，也是汉朝的开国功臣，被汉高祖刘邦封为齐王。刘邦自知军事才能不及韩信，所以对韩信十分疑忌，时常希望削弱韩信的权力。

刘邦先将韩信从齐王调为楚王。不久，刘邦又托辞到楚国的云梦出巡，亲自生擒韩信，再以罪名贬韩信为淮阴侯。

后来，汉朝发生内乱，刘邦亲自出征平乱。韩信想借此机会在长安造反，但被人告发。吕后便与萧何商量，诈称内乱已经平息，下令韩信等大臣入宫道贺。

韩信入官后，立刻被预先埋伏的武士捉拿，最后在长乐宫被杀。

历史上存在时间最久的宫殿

　　未央宫建于长乐宫修复后不久，是汉高祖称帝后，公元前200年。未央宫由40多座殿台楼阁组成，宏伟壮观。这组宫群是由刘邦的重臣萧何监修。

　　当时刘邦在山西一带与韩信作战，让萧何镇守关中，同时监修未央宫。

　　不久，刘邦从前方打仗回到长安，见萧何把未央宫修得这么宏丽，甚为不悦，生气地问萧何："天下匈匈，苦战数岁，成效未可知，是何治宫室过度也？"

■萧何（约前257—前193），秦末辅佐刘邦起义。攻克咸阳后，他接收了秦丞相、御史府所藏的律令、图书，掌握了全国的山川险要、郡县户口。刘邦登基后，他主持监造了长乐宫和未央宫。高祖死后，他辅佐惠帝，死后谥号"文终侯"。

萧何回答说："天子以四海为家，非今壮丽亡以重威，且亡令后世有以加也。"也就是说未央宫壮丽的外观是为了显示帝王的威势。

刘邦听了萧何的这番解释，转怒为喜。

未央宫是在秦章台遗址上修建的。秦代时利用龙首山北麓修筑了章台，汉代初在章台基础上，又修筑了未央宫前殿。未央宫建筑以前殿为主体，前殿遗址迄今仍然高高屹立在长安城中。其他重要建筑分布在前殿周围，其中以前殿东南和西北部各种宫室建筑最为密集。

未央宫规模之大、殿宇之盛，确实在当时达到了一个新的高峰。它以位于今西安西北郊的西马寨村北的前殿为中心，向四面展开，使宫殿布局协调大方，整齐美观。

自未央宫建成之后，汉代皇帝都居住在这里，所以它的名气之大远远超过了其他宫殿。在后世人的诗词中未央宫已经成为汉宫的代名词。

那时的未央宫又称紫宫或紫微宫。我国古代天文学家分天体恒星为三垣，中垣有紫微十五星，也称"紫宫"。紫宫是天帝的居室。把未央宫称为紫宫，因为它是天子的皇宫。未央宫四周筑有宫墙，形成宫城。

未央宫是我国历史上存在时间最长的宫殿。在汉高祖刘邦之后，王莽

■出土的汉代宫灯

政权、西晋、前赵、前秦、后秦、西魏、北周都以此作为中央政府的行政枢纽。而西汉的许多重大历史事件曾经发生在这里。

汉朝大臣苏武出使匈奴，漠北牧羊19年，完节归汉，在这里受到汉武帝的表彰；少年将军霍去病在这里领取兵符，率军西征，打通匈奴窜扰的河西走廊；张骞在这里领取诏令，两次出使西域，开辟了"丝绸之路"，并在这里向朝廷禀报了西域的见闻；王昭君在这里自愿请行出塞，和亲匈奴。千年来，被后人誉称"女中英贤"。

■ 王昭君塑像

未央宫内的"天禄阁"和"石渠阁"，乃是汉朝的"典籍之府"。这里珍藏着大量的图书，可以说是我国最早的国家图书馆。司马迁的《史记》就是在这里参阅图书、史料而撰写成的。

张骞　汉代卓越的探险家、旅行家与外交家，对丝绸之路的开拓有重大的贡献。张骞曾两次出使西域，开拓了汉朝通往西域的南北道路，并从西域诸国引进了汗血马、葡萄、苜蓿、石榴、胡桃、胡麻等。

阅读链接

正是因为汉代有座未央宫，所以古今名人雅士在行文作诗时也常用"未央"一词。那么未央是什么意思呢？

究根溯源，"未央"一词出自古代第一部诗歌总集《诗经》："夜如何其？夜未央。"未央就是未尽、未深的意思。

在唐代伟大的现实主义诗人白居易的《长恨歌》中就有："归来池苑还依旧，太液芙蓉未央柳"的诗句。

唐代也有一座未央宫，只是这座未央宫被划入长安城中，是宫苑中的宫苑。

建在秦章台上的绝代皇宫

未央宫是我国西汉的皇家宫殿，位于西汉都城长安城的西南部，今陕西省西安市西北处。因在长乐宫的西侧，汉代称为西宫。公元前200年，在秦章台的基础上修建，同年自栎阳迁都长安。

"未央"一词出自《诗经》："夜如何其？夜未央。"

汉代瓦当

由此可见，"未央"的意义就不难理解了。"未央"就是没有灾难，没有殃祸，没有祸患的意思。此外，从文献记载来看，神仙长生术在汉代非常盛行。

秦皇汉武希冀长生不老，听信神仙方士之言，不惜多次上当受骗，花费巨大的财力、人力寻求、烧炼不死之药。尽管他们最终都未逃脱死亡的结局，但他们的行动却在秦汉社会中造成了巨大的影响。

汉代未央宫是君臣朝会的地方。总体的布局呈长方形。占长安城总面积的七分之一，较长乐宫稍小，但建筑本身的壮丽宏伟则远远超过了长乐宫。

未央宫宫城四面各辟有一门，称为宫门，又称司马门。未央宫的4座宫门，以北门和东门来往人员最多，因此萧何在修建未央宫时，先修了北阙和东阙。

之所以如此，主要有两个原因，一则长安城北部集中了大量的宫殿和人口，人们进出未央宫从北面走方便得多。二则西汉时期，与长安一水之隔的渭北咸阳原上是汉朝皇陵区，而且在长陵、安陵、阳陵、茂陵和平陵均设置了陵邑，五座陵邑是京师重地，集中了大量的官僚和人才。

由于帝陵修建和管理的需要，北门作用很大，因而长安城和未央宫的北门都是重要通道。

从长安城内布局来看，未央宫位于城内西南隅，桂宫、北宫和明光宫均在长安城北部与东北部，它们与未央宫之间的交通，以进出未央宫北门最为方便。

百官和外国酋长、使者到未央宫朝见天子也要走北宫门。而东门阙的修建是由于东边有长乐宫，皇后

■ 出土的汉代建筑模型

长陵 于今陕西省咸阳市东的窑店镇三义村北。长陵又名"长山"，是汉高祖刘邦与吕后同茔不同穴的陵墓。其地面建筑虽然早已毁坏，但陵园和陵邑的围墙保存得很好，陪葬墓群中也还有63座墓冢可寻。

汉奉帝刘彻

宫殿怀古

古风犹存的历代华宫

■ 汉武帝（前156—前87），刘彻，是汉景帝第十子，16岁登基，在位54年。汉武帝开创了西汉王朝最鼎盛繁荣的时期，是中国封建王朝第一个发展高峰。他的雄才大略、文治武功，使汉朝成为当时世界上最强大的国家，他也因此成为中国历史上伟大的皇帝之一。

住在长乐宫，因此皇帝经常要到东宫去办事。

当时，进入北宫门有南北大街直达未央宫前殿。北宫门外有高大的阙楼，称北阙。阙是门前的两个高耸建筑物，对称分布于门外的门道两旁。

皇宫宫门前的阙是宣布国家政令和张贴重要安民告示的地方。文武大臣进皇宫宫门之前都要在阙下等候。根据礼仪，他们要在阙下想想自己有什么不足，意思就是"缺"什么。

阙上有"罘罳"，"罘罳"是把木头镂空雕刻成各种连接的几何图形，观其形状，反复不得其解，所以称为"罘罳"，实际是"复思"，即反复思考。阙上装饰了"罘罳"就是要求大臣朝见皇帝行至阙下要反复考虑自己的奏章。

在西汉时期，谒见皇帝之士和上书奏事之官，都要到北阙之下等候召见。北阙之内有许多重要的建筑，如高入云天的柏梁台、学者云集的天禄阁、石渠阁等。

北阙之外还有许多达官显贵的宅第，他们以居住在北阙附近而深感荣幸。此外，北阙还是重要的行刑

奏章 我国古代时期，大臣向皇帝进言或汇报事情时所使用的文书，是大臣和皇帝之间交流的主要途径。在奏章中，大臣可以向皇帝表达自己对于朝政的意见或其他事情的看法或建议等，是否认真批复奏章也是区分一位皇帝是否贤明的重要标志。

之处，楼兰王和南越王被斩首后，其头颅都曾经悬挂于北阙之下。

在西汉中晚期的历史记载中，多次提到未央宫有金马门。此门名称的来历是因为汉武帝时，不惜通过战争得到了一匹大宛的良马，汉武帝十分喜爱它，于是下令仿照此马铸成了一具金光闪闪的铜马，安放在当时的"鲁班门"之前，并将"鲁班门"更名为"金马门"。

后经考证，金马门就是未央宫的北宫门。汉代不少名人，如公孙弘、东方朔、主父偃、严安和徐东等人，都曾待诏金马门。金马门又简称"金门"。

未央宫东宫门有东西大街直达未央宫前殿。未央宫东宫门可能比北宫门更重要。诸侯王朝见皇帝都要进东宫门，因此有"朝诸侯之门"之称。皇亲国戚来往于未央、长乐二宫都要出入东宫门。

未央宫南宫门与西安门基本上南北相对，从宫门

039

金马门 汉代宫门名，学士待诏之处。在当时是文人荟萃之处，曾有许多人待诏金马门，后来也指翰林院，寓意功成名就。宋欧阳修诗说："金马玉堂三学士，清风明月两闲人。""春风杨柳鸣金马，晴雪梅花照玉堂"是我国常用的喜联。

千古辉煌

汉代四宫

■汉代车马

宫殿怀古

古风犹存的历代华宫

有道路直通前殿南部。未央宫西宫门位于卢家口村南，有东西大街从宫门通往前殿。

未央宫前殿为西汉一代大朝之地，是宫殿中最重要的地方，因此其建筑之豪华也是其他宫殿所无法比及的。据《三辅黄图》记载，未央宫的建筑所用的木材都是清香名贵的木兰和纹理雅致的杏木。屋顶橡头贴敷的金箔，在阳光照射下熠熠发光。

前殿华贵的大门上装饰着鎏金的铜铺首和闪光的宝石。窗户上雕饰着古色古香的花纹，回廊栏杆上雕刻着清秀典雅的图画。

洁白无瑕的玉石础石上耸立着高大的铜柱，使殿堂显得格外壮观，紫红色的地面、金光闪闪的壁带烘托得大殿富丽堂皇、分外壮观。

前殿的正门在南面，称为端门。门前有谒者10人，全副武装，手持长戟，日夜守卫。门内是广阔的庭院。每逢朝会，庭院中的旌旗迎风招展，仪仗浩浩荡荡。

■未央宫遗址

汉代骑兵俑

功臣列侯诸将军列队站在西边，面向东方。丞相、御史大夫和太常等文职官员列队站在东边，面向西方。

庭院之北则是前殿上的三大殿。大朝正殿是中间台面上的大殿，坐北朝南。国家大事往往是在正殿北部的宣室里决定。

由于宣室居于前殿最高处，本身建筑犹如台阁，所以又称之为"宣室阁"。前殿正北除宣室外，还有非常室，这是皇帝在前殿下朝的居处。

阅读链接

考古发现，前殿是未央宫的主体建筑，居未央宫正中。它利用了龙首山高大丘陵形成的高台作为殿址。前殿遗址的高大台基，至今仍高高耸立于汉长安城之中，其南北长350米，东西宽200米，高15米。

地形由南向北逐渐升高。台基由南向北可分成低、中、高三层台面，中间台面的主体建筑是前殿的中心建筑物。

未央宫前殿遗址，是目前我国历史上保存最完整、规模最大、最具代表性、时代较早的高台宫殿建筑遗址之一。

皇帝居所和后妃宫室建筑

在未央宫的前殿，建有皇帝冬天居住的温室殿和夏天居住的清凉殿。从前殿往里走，就是皇帝后宫佳丽的住所。

温室殿是汉武帝时期修建的，殿内有清洁卫生、设计别致的壁炉，炉内以木炭取暖。殿的内壁用椒泥涂抹，墙壁上披挂着文绣的丝帛。

图 汉代皇帝服饰

殿中的木柱以清香的桂木制成，殿门之内设置了能反射出五光十色色彩的云母屏风，紫红色的地面之上，铺放着西域地毯。

清凉殿又名延清室。殿内陈放着线雕图案的白色玉石床，床上罩着紫色琉璃帐，床边放着盛有冰块的水晶石制作的鉴盘。

据《三辅故事》记载，汉武帝的

宠臣董偃，经常在清凉殿中休息。

夏季的一天，董偃热得喘不过气来，他躺在清凉殿中的玉石床上，仆人从冰室给他取来了大量冰块，放在殿内的许多冰鉴之中，他还觉得没有凉意。于是他索性将床边竹几上的盛放冰块的水晶石鉴盘放在床上，靠近身边。

仆人进殿后，看到董偃身边的水晶石鉴盘，以为是冰块置于石床之上，怕冰融而弄湿石床，于是用手拂动冰块和鉴盘，结果冰盘俱碎。由此可见，鉴盘水晶之清莹，虽然近在咫尺，却冰、玉难辨。

■汉武仙台遗址

西汉皇帝奢侈无度，后宫妃嫔、宫女数量多得惊人。皇帝把她们分成昭仪、婕妤、娙娥、傛华、美人、八子、充依、七子、良子、长使、少使、五官、顺常、无涓14个不同等级。

根据这些后宫妃嫔、宫女的不同等级，享受不同的待遇，住在不同的宫殿建筑里。因而，后妃宫室建筑规模相当宏大。

皇后的宫殿，称椒房殿，位于前殿北面。椒房殿取名是由于这个宫殿是以花椒和泥涂抹墙壁。这样做一则可以使墙壁呈现暖色，室内有温暖的感觉。二则可以使宫殿中芳香袭人。

椒房殿的遗址已经进行了考古发掘，东西150米，南北200米，平面为长方形。其结构与皇帝大朝

冰鉴 古代盛冰的容器，功能明确，既能保存食品，又可散发冷气，使室内凉爽。它是古人的发明创造，传世有不少清代晚期的木胎冰箱。冰箱箱体两侧设提环，顶上有盖板，上开双钱孔，既是抠手，又是冷气散发口。为使冰箱处于一定高度便于取放冰块和食物，配有箱座。

■ 汉代舞女蜡像

古风犹存的历代华宫

丁缓 西汉著名的器具工匠。他擅长机械器具制造。据记载，他曾制作过铜灯、博山炉、被中香炉和七轮扇等，技艺精湛，堪称一绝。

琉璃 是指用各种颜色的人造水晶为原料，采用古代青铜脱蜡铸造法高温脱蜡而成的水晶作品。其色彩流云溢彩、精美绝伦；其品质晶莹剔透、光彩夺目。琉璃是佛教"七宝"之一、"中国五大名器"之首。

的前殿一样，由正寝和燕寝两部分组成。

汉武帝时，皇帝的后妃宫殿分为8个殿，有昭阳、飞翔、增成、合欢、兰林、披香、凤凰和鸳鸯殿。后来又增修了安处、常宁、茝若、椒风、发越和蕙草殿，共14座宫殿。

汉成帝爱妃赵飞燕，因其贵倾后宫，住在昭阳殿。此殿由建筑师丁缓和李菊负责建造，建筑十分考究，居后宫诸殿奢华之首。

昭阳殿也是以花椒粉和泥涂抹墙壁，涂饰富贵的朱红色，整个宫殿涂上各色光亮照人的大漆。

殿的椽梁之上，雕刻着萦绕其间的蛇龙纹饰，龙鳞蛇甲，分外鲜明，栩栩如生。墙壁露出的横木之上，镶嵌着醒目的鎏金铜沓，铜沓之上装饰有蓝田美玉制作的玉璧、闪闪发光的明珠和墨绿色的翡翠。

昭阳殿中用绿色琉璃制作的窗和光耀夺目的门帘相映生辉。门帘是以五光十色的珍珠串联而成。清风徐来，门帘摆动，宝珠轻碰，声如珩佩，如临仙境。

门帘挑起，闯入眼帘的是金黄色的硕

■ 出土的汉代凤鸣双连杯

■铺首 门扉上的环形饰物，相传铺首是龙所生九子之一，警惕性高，故饰于门扇之上。后来民间门扉上应用亦很广，为表示避祸求福，祈求神灵像兽类敢于搏斗那样勇敢地保护自己家庭的人财安全

大铜铺首，鎏金的铜门槛夹置于洁白的玉石门臼之间。

进入殿内，殿上陈列着9条跃跃欲飞的金龙，龙口之中各衔一枚"九子金铃"，五色的流苏，绿色的绶带，令人目不暇接。雕画精细的屏风背后，有陈设清雅的玉几和玉床。难怪人们称誉昭阳殿"巧为天下第一殿"。

婕妤以下的皇帝妃嫔，都住在掖庭。掖庭也是一组宫殿建筑，其中包括丹景台、云光殿、九华殿、鸣銮殿、开襟阁和临池观等。

虽然掖庭比椒房殿的主人地位低，但作为皇帝宠幸的妃子们的居室，其建筑自然也是堂皇富丽的。

阅读链接

汉代人非常喜欢以草木之名命名宫殿。未央宫的后宫佳丽成群，她们所居住的宫殿，或称合欢殿，或称兰林殿，或称蕙草殿，华木香草非常繁茂。

合欢树的叶子是羽状，白天张开，夜晚闭拢，夏秋花色粉红，嫔妃居合欢殿确实相宜。合欢花就是马缨花。兰并不是后来常指的兰花，而是古代的木兰或泽兰。茝即白芷，外形很像杜若，俗称竹叶莲，花为红色，都是香草。蕙也指兰，花呈黄绿色，也属于香草。

汉宫内的六大文化性建筑

出土的汉代长乐未央砖

未央宫城内有很多文化类建筑，这些建筑足以显示出西汉时期对文化的重视。未央宫中的文化性建筑物大多是用于存放图书、历史档案和开展学术活动。

这类建筑主要有石渠阁、天禄阁、麒麟阁、承明殿、曲台殿和金华殿等。

石渠阁在未央宫西北部，石渠阁因"石"而得名，所谓"石渠"，即以砻石为渠。

据传石渠阁是萧何主持建造的，秦朝末年，刘邦率军进占咸阳后，萧何收秦朝图书典籍和档案。西汉初期，石渠阁建成后藏之于其中。

石渠阁实际是西汉时代中央政府的图

书馆和档案馆之一。汉成帝时，曾把汉朝政府国家档案，收存于石渠阁中。由于石渠阁中有大量图书和档案材料，许多著名学者、文人都曾到那里查阅资料。

西汉中晚期，石渠阁又成了长安城中的学术讨论中心，学者们在这里谈古论今。大学者韦玄成被任命为淮扬中尉以后，皇帝就曾诏命他与萧望之等"五经诸儒"在石渠阁研讨问题。

此外，当时的社会名流和文人都曾在石渠阁举行过各种各样的集会和活动。该遗址至今还在未央宫前殿西北，今存夯土台基南北长65米；东西宽67米，高约8米。

天禄阁在未央宫北部，西距石渠阁500多米。天禄阁遗址中部为高台建筑的夯土台基，现存高10米左右，底部呈方形，边长20米，台顶有后人修建的"刘向祠"，这是人们为了纪念西汉学者刘向在天禄阁整理典籍、著书立说而营建的。

天禄阁的功能主要是存放文史档案，也藏有许多重要典籍。除上面提到的刘向之外，西汉不少著名学者，如大文学家扬雄等，都曾在天禄阁中工作过。

麒麟阁，也称麒麟殿。

长沙市简牍博物馆内的汉代竹简

韦玄成 鲁国邹人。少年时即好学，在路上遇见高人，便请求与其同行，并用车载送，以方便探讨学问。对贫贱之人，更加有礼。汉宣帝时，韦玄成曾受诏与当朝重臣萧望之以及"五经诸儒"在石渠阁杂论异同，阐发诗意，得到皇帝的赏识。

后仓 字进君生，西汉经学家。精通《诗》和《礼》，还是研究《孝经》的专家。公元前198年，刘邦在未央宫建"曲台"，将先秦旧书移于宫内，后仓在"曲台"校书数年，与刘向、扬雄等博学之士，商讨古今，雠校古书，并掌管三阁所藏图书。因在"曲台"校书，著《曲台记》。对《礼》有深刻研究，所说论记数万言。

据说在汉武帝时，人们捕获了一只麒麟，这在当时是一件大事情。为了纪念这件事，特意下令修筑了这座建筑物，并将麒麟的图像绘在殿阁的墙壁之上，这就是麒麟阁名称的来历。

麒麟阁内壁画十分有名，除绘有麒麟壁画之外，还有西汉功臣画像壁画。公元前51年，匈奴首领单于来到长安，谒见汉朝天子。汉宣帝为了纪念这件事，就把许多功臣的画像，作为壁画绘制于麒麟阁上。

壁画上的人像绘制十分逼真，呼之欲出。人像旁刻上各自官爵姓名。麒麟阁也是藏书之地，大文人扬雄曾在此校阅图书。该遗址在天禄阁的西北。

承明殿位于石渠阁附近，约在石渠阁与天禄阁之间。承明殿属于"著作之庭"。文人学者们在这里饮酒作赋、著书立说。

曲台殿和金华殿是讲授礼教学问的地方，所谓"曲台说礼，金华说书"就是这个意思。曲台也是学者们校阅精典、著作文章的地方，汉武帝曾让后

■汉代壁画

仓在曲台校书著文，他在曲台
高谈阔论礼教之学达数万言，
所以人们送他个绰号，叫"曲
台说"。

曲台官员有署长，孟喜曾
出任过此职。郑宽中、张禹
曾在金华殿给汉武帝讲解《尚
书》《论语》等文献。这样由
6个文化类建筑组成一个学术
文化活动中心，足以反映出西汉时期对文化建设之重视。

未央宫中还有朱鸟堂，也称寿成朱鸟堂，这里主要用来放置收藏
地理方面的书籍。西汉末年，全国各地地理学者都汇集于朱鸟堂，校
阅地理书籍。

阅读链接

西汉初年，长安作为统治阶级的国都开始设计修建时，丞
相萧何就在未央宫中主持修建了天禄阁与石渠阁。

西汉初，继续推行秦朝的"挟书之律"，即规定民间不准
藏书的禁令。汉惠帝时，为收集和整理图书，废除"挟书之
律"。汉武帝更是积极地收集整理书籍，命令丞相公孙弘"广
开献书之路，建藏书之策，置写书之官""下及诸子传说，皆充
秘府"。

汉成帝时又遗谒者陈农"求遗书于天下"，并分类整理。
经过几代帝王的努力，秦末散佚的图书又被发掘和整理出来，
集中到长安的书籍共有约600家，13200多卷，藏于天禄阁与石
渠阁。后来司马迁就是参考这些书，写成了50多万字的不朽巨
著《史记》。

未央宫内的娱乐性建筑

　　未央宫内有很多娱乐性的建筑供皇家贵族宴饮接待、怡情养性。这些建筑有柏梁台、白虎殿、织室、暴室、弄田、沧池等。

　　柏梁台是汉武帝于公元前115年兴建的，位于未央宫北司马门内南北大街的西边。柏梁台以清香的柏木为建筑物的梁架，因此取名"柏梁台"。

汉代建筑用砖

柏梁台高数十丈，建筑物的顶部装置了高大的、金光闪闪的铜凤凰。柏梁台建成后，汉武帝曾经在台上大摆酒宴，诏命文武大臣咏歌唱赋，为其歌功颂德。

可惜这座宏伟建筑物，仅存在10余年，在公元前104年就毁于一场大火灾。

白虎殿是西汉晚期皇帝活动的重要场所，汉成帝经常活动于白虎殿之中。公元前25年，匈奴首领单于来长安，朝谒汉成帝于白虎殿。

■ 王莽石刻像

白虎殿还是皇帝召见直言之士为其统治出谋划策之地，汉成帝最后就死于白虎殿之内。

王莽当政后，就曾在白虎殿大摆酒宴、慰劳将帅、封官拜爵。可见白虎殿在西汉晚期是未央宫中一座相当重要的宫殿建筑。

正因为这样，所以西汉晚期的皇亲国戚大治宅第都以仿照白虎殿的建筑为追求目标。如成都侯王商，就在园中堆起土山建台，营筑仿造白虎形制的宫室。

由于这在封建社会是被看做大逆不道、超越等级的，所以汉成帝知道后十分恼火，王商几乎遭到杀身之祸。

织室是皇室为各种高级绣织品的专门手工作坊，其规模相当庞大，又分为东织室和西织室。应是专为

汉成帝（前51—前7），名刘骜，是西汉第十二位皇帝，"骜"这个名字是汉宣帝给起的，意思是希望他做刘汉王朝的千里马。公元前33年至公元前7年在位，死后谥号"孝成皇帝"，葬于延陵，庙号统宗。

宫殿怀古

古风犹存的历代华宫

■ 汉代马车模型

丝绸之路 是起始于我国古代政治、经济和文化中心长安，连接亚洲、非洲和欧洲的古代商业贸易路线。它也是一条东方与西方之间经济、政治、文化进行交流的主要道路。它的最初作用是运输我国古代出产的丝绸。

西域 汉以来对玉门关、阳关以西地区的总称。狭义专指葱岭以东而言，广义则凡通过狭义西域所能到达的地区，包括亚洲中、西部，印度半岛，欧洲东部和非洲北部都在内。

皇宫纺织服务的部门。织室的工徒很多，未央宫中为他们单开一座门叫做室门。

暴室是属于织作的染练之署。织室和暴室均坐落在未央宫西北。当时由于丝绸之路开通，有大量的丝绸经过西域进入中亚、西亚和欧洲。

马是当时皇帝和大臣的代步工具，因而长安城未央宫中设有养马之地。未央宫中就有"未央大厩"。《汉官仪》中记载：

> 未央宫六厩，长乐、承华等厩令，皆秩六百石。

未央宫中的弄田是为天子专辟的象征性耕地。公元前86年，年龄刚满8岁的刘弗陵就当了皇帝，统治阶级为了鼓励男耕女织，就为小皇帝在皇城中选择了一块土地，让他进行象征性的耕种，以此作为天下百姓的表率。

于是，小皇帝便在此戏嬉、耍弄，于是这块地就被称为"弄田"。

在我国古代建筑中，从皇帝到达官显贵的宅第，既要有宽敞的居室和办公殿堂，又要营筑风景秀丽的假山和水池，未央宫也不例外。

未央宫西南开凿了沧池，池水面积近20万平方米。由于池水呈苍色，故称"沧池"。沧池不但美化了未央宫的环境，而且起到了保证、调节宫城用水的作用。

据《三辅黄图》记载："沧池，在长安城中。"

有专家经过考古调查认为沧池位于今西安市未央区未央宫乡西马寨村西南。故址现为一片洼地。

沧池是长安城中一大蓄水库，水源来自昆明池。城内用水量浩大，而且昆明池距城较远，水流至此，量不可能很多，因此必须有一个蓄水库大量储积来自昆明池之水，供城中各区周流之用。另外，水渠入

昆明池 由于秦岭与渭河的落差太大了，每年雨季会有许多雨水从秦岭深处流出，但是距离渭河太近，落差太大，基本上都是白白流走，浪费掉了，在汉朝时就是利用这种天然的水的优势就地开湖蓄水，形成昆明池。

■ 丝绸之路群雕

城，这里地势低下，也需要有个水库提高水位，否则水就不容易畅流。

沧池的作用是储积调节未央、长乐两大宫殿区的用水。沧池之中筑造了假山，即"渐台"，"渐"字当"浸"的意思讲，"渐台"就是置于水中的高台建筑。台上修建了楼阁亭榭。池光台影，风景宜人。

西汉末年，王莽被冲进未央宫的军兵追赶，从前殿仓促出白虎门，西逃至渐台。他本想依靠渐台四周的沧池之水阻挡住起义军的追杀，但是由于王莽军队土崩瓦解，人心四分五裂，众叛亲离，最后还是被商人杜吴杀死于渐台之上。

王莽新朝覆灭时，未央宫火烧3日，成为了汉长安城中第一座被毁坏的宫殿。

东汉迁都洛阳后，刘秀在公元42年巡行至长安，次年下诏"修西京宫室"，但修整规模终究有限，远远达不到萧何初建时的宏伟。

至东汉末年，未央宫已年久失修。

隋唐时期，整个汉长安城都被划入禁苑范围。唐高祖李渊曾"置酒未央宫"，庆祝"胡越一家"。

■刘秀（前5—57），东汉王朝开国皇帝。我国历史上著名的政治家、军事家。公元25年，刘秀与更始政权公开决裂，于河北登基称帝，为表刘氏重兴之意，仍以"汉"为其国号，史称"东汉"。谥号"光武"。称光武帝，开创"光武中兴"。

■复原的汉代建筑

公元669年，李勣死，陪葬昭陵，及葬日，唐高宗"幸未央古城，登楼临送，望柳车恸哭"。

公元826年，神策军在禁苑中修未央宫，"掘获白玉床一张，长六尺"。据《唐会要》记载：公元841年也曾维修过未央宫，这大约是最后一次维修，距未央宫始建已1040年。

公元904年唐昭宗被裹挟迁都洛阳后，在史书中就再也看不到未央宫的名字了，曾经盛极一时的未央宫从此以后便销声匿迹了。

阅读链接

在后人发掘的未央宫遗址中，出土了数以万计的骨签。这些骨签都是用兽骨制成，背面平直，正面弧背，经磨平，上刻有字，文字内容一般为纪年、工官名称、工官令、丞、令史等各级官吏和工匠名字。

在未央宫前殿西北，还发掘出一处官署遗址，高出地表一米多，发现有成排的柱础，内有封泥，推测是西汉皇室的少府或其所属的官署遗址，是执掌皇室钱财物品收入、开支的管理机构。

未央宫遗址中出土遗物除以上所列的木简和骨签外，主要有云纹、葵纹、文字、素面瓦当。

汉武帝为显国威修建章宫

西汉初年的宫廷苑囿，比较而言还不算奢侈，因而它无法满足好大喜功的汉武帝的需要。为了显示大汉的国威和富足，他大兴土木，增修了建章宫，并修缮、扩充原有的宫室。

■复原汉代建筑

到汉武帝时期，汉代宫室在精美、舒适方面已经超过了秦代，规模较之秦代也不为逊色。

关于建章宫的修建，还有一种说法，就是104年，一场大火烧毁了未央宫的柏梁台。此时汉武帝本想营建新宫殿，但又嫌城中地方拥挤，根据巫者所说"有火灾，复起屋必以大，用胜服之"的观点，决定在长安城西墙外的上林苑中新修一座宫殿，这便是建章宫。

■ 建章宫石刻

建章宫本是武帝为求仙所造，后来也成了选养美女的地方。武帝命将燕、赵地区的美女纳入此宫中。

建章宫位于长安城外，在未央宫西，跨城池作为飞阁，两宫相通，皇帝乘辇往来于两宫中间。

建章宫是一组建筑雄伟的宫殿群。据记载该宫由鼓簧宫、骀荡宫、天梁宫、函德殿、承光殿、鸣鸾殿6个殿，还有凉风台、避风台、曝衣阁、太液池、影娥池等组成，极尽豪华，甚为壮丽，因而被称为"千门万户"。

建章宫的正门称阊阖门，也叫壁门。此门建得高大、雄伟。

据史料记载："建章宫南有玉堂，壁门三层，台高30丈，玉堂内壁12门，阶陛皆玉为之。铸铜凤高5尺，饰黄金，栖屋上，上有转枢，向风若翔。檐首薄

上林苑 汉武帝刘彻于公元前138年，在秦代的一个旧苑址上扩建而成的宫苑，规模宏伟，宫室众多，有多种功能和游乐内容。已不复存在。上林苑是秦汉时期建筑宫苑的典型，也是当时汉武帝尚武之地。这里有皇帝的亲兵羽林军，并由后来的大将军卫青统领。汉武帝从此走向一个崭新的历史舞台。

以璧玉，因曰璧门。"足见装饰之华丽。

建章宫前殿比未央宫前殿还高大，为西汉长安最高大建筑之一。凤阙位于建章宫北门。因上面各装置着一只铜凤凰，因而又名凤阙。

古代歌谣"长安城西双园阙，上有一双铜雀宿，一鸣五谷生，再鸡五谷熟"即指此。

宫内还建有"井干楼"。"积木而为楼，井干者，井上木栏也，其形成叫角成八角。"可见这座以木结构为主的楼，建得非常高耸。

奇华宫乃建章宫中珍藏奇宝之地。敷娑宫也非常大，骑马快跑，也需一天时间才能游完此宫。

位于建章宫北的"凉风台"，积木为楼。在太液池建有"避风台"乃飞燕聚集之地。池西的曝衣阁，是每年农历七月初七"乞巧节"宫女们登楼晒衣之地。宫西有一"虎圈"，这里驯养着猛虎，这些经过驯服后的猛虎，可为皇族贵戚进行斗虎表演。

神明台是建章宫中最为壮观的建筑物，为汉武帝时期的建筑。武帝刘彻慕仙好道，于公元前104年至公元前100年修造神明台。

神明台台上有铜铸的仙人，仙人手掌有7人抱围之大，至于仙人之巨大可想而知。仙人手托大铜盘，盘内有一巨型玉杯，用玉杯承接

■ 曹丕（187—226），字子桓，三国时期著名的政治家、文学家，曹魏的开国皇帝，公元220年至公元226年在位。建安文学代表者之一。是三国时第一位皇帝，结束了汉朝400多年统治。

■汉武帝浮雕

空中的露水，故名"承露盘"。

汉武帝以为喝了玉杯中的露水就是喝了天赐的"琼浆玉液"，久服益寿成仙。神明台上除"承露盘"外，还设有9室，象征九天。常住道士、巫师百余人。巫师们说，在高入九天的神明台上可与神仙为邻通话。

神明台保持了300多年，魏文帝曹丕在位时，承露盘尚在。魏文帝想把它搬到洛阳。搬动时因铜盘过大而折断，断声远传数千米。铜盘勉强搬到灞河边，因太重再也无法向前挪动而弃置，后不知所终。

太液池位于建章宫前殿西北，是渠引昆明池水而形成的一个范围宽广的人工湖。遗址在三桥镇高堡子、低堡子村西北洼地处。池北岸有人工雕刻而成长的大石鲸，西岸有石鳖，另有各种石雕的鱼龙、奇

九天 天的最高处，形容极高。传说古代天有九重，九天是天的最高层。一为中天，二为羡天，三为从天，四为更天，五为睟天，六为廓天，七为咸天，八为沈天，九为成天。

汉代宫廷乐师蜡像

禽、异兽等。

太液池中建有很高的渐台。为了求神祈仙，汉武帝还在池中筑有3座假山，以像东海中的瀛洲、蓬莱、方丈3座神山。

太液池湖光水色，山水相映，景色宜人，是建章宫中著名的风景区。池中还置有鸣鹤舟、容与舟、清旷舟、采菱舟、越女舟等各种游船。汉成帝常在秋高气爽之季与后妃赵飞燕泛舟戏游于湖中。

太液池作为一个大的人工湖，为建章宫提供了大量蓄水。

阅读链接

汉武帝在神明台修建"承露盘"，其实承露盘中承接的仙露，不过是早晚由于温差凝结在盘中的水蒸气。

汉武帝就把这些凝结的水珠，当成了长生不老的仙露，将承接下来的露水交由方士。方士再将露水和美玉的碎屑调和而成后，让汉武帝服下，并且告诉汉武帝这样就能长生不老了。可是公元前87年，汉武帝还是死了。

汉武帝在林光宫旁建甘泉宫

据史书记载，甘泉宫所在地是"黄帝以来祭天圜邱之处"，是黄帝升仙的地方。传说中的黄帝祭祀神灵，朝诸侯的万灵明庭就在甘泉。又记载，此地曾是匈奴祭天之处，秦国占领这里后，在此建造林光宫。汉代又在林光宫旁边建造了甘泉宫。

■汉武帝祭天塑像

《通志》 南宋郑樵撰写的，一部以人物为中心、自三皇五帝时期一直到隋代的纪传体通史，是自《史记》之后，存世的又一部纪传体通史性著作。与《通典》《文献通考》并称"三通"。《通志》全书200卷，500多万字。

■甘泉宫献俘蜡像

史料上说，当时，齐人李少翁建议建造一座甘泉宫，中间作为台室，置备祭祀用具用来祭祀天神。汉武帝听后便采纳了这个建议。这些记载表明古代祭天神时的场面是非常隆重的，而且这里曾是传说中黄帝，秦、汉两朝帝王举行重要活动的地方。

甘泉宫兴废的年代有待考证。现存遗迹有城墙、大型建筑夯土台基、陶窑等。南城墙长1.9千米，西城墙长800多米，北城墙长1.9千米，东城墙长800多米。城墙残高不等，周长约为5.6千米，夯土筑成。

在遗址中心区现存有西汉的石熊、宋代的石鼓各一件。附近发现有五角形陶水管道、各种陶质建筑材料及生活用具等。

根据纪传体通史《通志》的记述，甘泉宫有熛阙、前熛阙、应门、前殿、紫殿、泰时殿、通天台、望风台、益寿馆、延寿馆、明光宫、居室、竹宫、招仙阁、高光宫、通灵台等许多的宫殿台阁。甘泉宫内有木园，是武帝时代的园林，后来俗称仙草园。

卫青拜见汉武帝蜡像

　　明代的《读史方舆纪要》引自《括地志》记载，甘泉山曾有宫殿，就是秦始皇建造的林光宫。甘泉宫遗址周围方圆5千米。公元前109年，在林光宫旁边建造了甘泉宫。

　　唐代的《括地志》里这样描述甘泉宫：宫殿周围近10千米，宫殿楼观大体规格和建章宫差不多。百宫之内都有府第。

　　秦始皇时期曾经建甘泉宫前殿，一直通向骊山，汉代又加扩建。汉武帝时扩建可以遥望长安城。汉武帝常在五月来到此地避暑，直到八月才回都城。在甘泉宫外有两个铜人，甘泉宫南面与甘泉苑相连。

　　甘泉宫作为汉武帝仅次于长安未央宫的重要活动场所，它不只是作为统治阶级的避暑胜地，而且许多重大政治活动都安排在这里进行。

　　甘泉山，位于淳化县北约25千米处，因出产甘泉而得名。甘泉山附近，历年来出土了不少秦汉时期的建筑遗物，且瓦砾遍地。考古学家因此推测，林光宫和甘泉宫就在这一带。

　　为了进一步确定林光宫和甘泉宫的位置，有关专家在1978年至1979年内作了数次勘查。

　　宫城城墙遗迹在城前头村、凉武帝村、董家村附近，宫城城墙夯土残迹，历历在目，断断续续地暴露在地面上，高1至5米不等。城前头村有的居民房屋就筑在南墙中。

考古学家根据地面上暴露的城墙夯土残迹追踪，加上局部的钻探，大致已经摸清宫城城墙的范围。虽然仍有小部分埋于地下的城基未能完全摸清，但后人对整座宫城的城墙分布已经有了整体认识。

甘泉宫宫城城墙遗迹主要包括西城墙、北城墙、东城墙、南城墙和角楼建筑。

西城墙因地势的关系被分为南北两段，南段西城墙，因北侧受小沟的阻拦，折东而行，成为北墙西段。北城墙东行至城前头沟中断。

沟东的北城墙与沟西的北城墙并不是处在同一平行线上的，而是向北偏移了。这段距离就是西城墙的北段，可惜，由于年代过于久远，后人已经无迹可寻了。

城前头沟在后期形成后湮灭了西城墙北段。由此推断，西城墙的总长度共计890米。

那么，西城墙为什么自西南角北行后便向东折行呢，而沟东的北墙与沟西的北墙又为何北移呢？这要从地形上观察才能得到答案。

很明显，西墙北行610米后，就遇到了一条小沟。迫使它非向东折不可。

■ 汉武帝刘彻墓

■汉代陶马

东行超出小沟范围以后，又折向北行，再向东行，形成北墙。

这段西城墙，地面全部有迹可寻，城基残宽7米。夯土非常坚实，层次分明，每层厚薄不等，并有夯窝。

在离城墙西南角向北的墙外，有东西定向的一段夯土。紧挨此段夯土的北面，离现地面深达2.8米的地方，有一段东西向的路，向东直通进城墙内。

在路土的北面，又有一段东西向的夯土。通向城内的这段路土，很可能就是一个城门洞。

北城墙在城前头沟西的一段有600米，残墙全部暴露在地面上，残高不等。夯层夯窝情况如同西城墙。沟东的一段北城墙，位于凉武帝村北，即自城前头沟东沿起向东，伸延长约500米的一段夯土。从此再向东，直到武家山沟西沿约600米的一段，地面无存。

西段北城墙与东段北城墙南北相距280米。据上所述，北城墙的总长度共计1.95千米。

武家山沟北面一条小沟的东南角沟沿上有残存的城墙东北角，与小沟南的东城墙平行。城墙东北角被小沟割断，由此可见小沟是后期

甘泉宫遗址城门

形成的。

在离台基东约200米的地方，向北有一段120米左右的东城墙残迹。残高约1米，夯层厚度不等。由此向南有600米的一段，地面上已无残迹可寻了。过了这600米，地面上又有100米左右的一段东墙，南端断处刚好与南墙相连。从此看来，东城墙的总长度共计880米。

南城墙东段，位于董家村以北、凉武帝村南，断断续续地暴露于地面，城基宽约8米。此段东西两边约有234米尚未查清。

城前头沟西的南墙西段，长约500米，全部暴露于地面。夯层厚薄不等，夯窝清晰可辨，南墙总长度共约2千米。

由此可见，当时的甘泉宫占地面积是非常大的，可以想见，古代帝王宫殿的奢华。

阅读链接

甘泉宫是富丽豪华宫殿群的总称，凉武帝村一带是甘泉宫的主体建筑所在，在此周围还有许多附属的宫、观、台等建筑。甘泉宫的建筑规模仅次于长安的未央宫。

《关中记》中记载，甘泉宫在汉武帝建元中增广后"周围十九里一百二十步，有宫十二台十一"。

古老的古宫殿，直到今天，在遗址上仍能见到零散的建筑台基和城墙残迹，见到遗物的建筑材料，如铺地砖、空心砖、子母砖、板瓦和筒瓦等。还包括各种石刻，如汉代石熊和宋代题记石鼓。这些文物成为我国研究古宫殿的珍贵实物资料。

甘泉宫内宏伟壮观的角楼建筑

根据史书记载，甘泉宫遗址"宫殿楼观略与建章相比，百官皆有邸舍"。宫的宏伟壮观由此可见一斑。

在城墙的西南角和西北角墙外，紧挨转角处各有一个圆形夯土台基，残高分别为2米和4米。这样的夯土台基，在东北角和东南角未见

汉武帝和众大臣蜡像

《括地志》 唐朝时期一部大型的地理著作，由唐初魏王李泰主编。全书正文550卷，序略5卷。它吸收了《汉书·地理志》和顾野王《舆地志》两书编纂上的特点，创立了一种新的地理书体裁，为后来的《元和郡县志》《太平寰宇记》开了先河。全书按贞观十道排比358州，保存了许多六朝地理书中的珍贵资料。

明显遗迹，但在断崖中尚暴露有大量砖瓦，可能是角楼建筑的遗存。

宫城城墙的总周长约5.7千米。这和《括地志》所载的林光宫和甘泉宫的范围十分近似。加之在南墙的夯土层内有汉代砖瓦残块，可以断定城墙就是甘泉宫的宫城城墙。

在甘泉宫北城墙东段墙南，有东西两个圆锥形建筑夯土台基，间距57米。西夯土台基西南处还有两个小夯土台基，似乎应与西夯土台基相连。两个夯土台基南侧，都残留了大量建筑物倒塌后的残砖瓦块、草泥墙面及烧渣块。

在西夯土台基中部，1974年曾发现过一块紫色大石板。这两个夯土台基似应为高台建筑的台基。

西夯土台基现存高约15米，底围约200米，顶围约40米。东夯土台基现存高约16米，底围约225米，

■ 勾弋夫人与汉武帝蜡像

■ 山呼万岁汉武帝
蜡像

顶围约22米。

1970年，在东夯土台基的北侧，发现一处窖穴，出土一个陶圈，陶圈外饰有竖绳纹，内为麻点纹。

在西夯土台基南的西南角，有一处东西走向的白色残墙面墙壁。离残壁东有两道南北走向的白色墙面墙壁，墙顶部离地面约0.7米。东西两墙间距2.7米。在西墙，暴露有柱子洞。这两道南北定向的墙壁，很可能是回廊式建筑的墙壁。

在东西走向的残墙南有一块残正方形、棕色门枢石，每边长宽各1米，厚0.47米。石面上钻有浅孔一个，圆孔的两端各有浅长槽一个。

在放门枢石的地方，原先有向东等距离并列的4块门枢石。这是于1977年人们在农田基建中发现的，在这排门枢石北还有一排门枢石，后世地中只残留一块，排列情况相同。

回廊 廊是指屋檐下的过道、房屋内的通道或独立有顶的通道。包括回廊和游廊，具有遮阳、防雨、小憩等功能。建筑物的门厅、大厅内设置在二层或二层以上的回形走廊，引申为曲折环绕的走廊。也指有顶棚的散步处，如江南民居中的短式回廊。

汉武帝、霍去病和卫青塑像

人们在耕地中，大量的墙皮被翻上了耕土表层。由此可以断定，在这片地方建筑十分密集。在这里，过去还曾出土过大量的子母砖。由此可见角楼建筑十分壮观。

在凉武帝村北一夯土墙底部，有埋有水道管的两处遗迹。一处由圆形水道管铺成。圆形水道管暴露于凉武帝村拖拉机房向南窑洞内，距地表约2.5米，为西北向东南走向。西北方向一直伸延出去约57米，在小路断崖上，仍是圆形水道管。

圆形水道管内壁饰布纹。离圆形水道西北100米左右的地方，在南向的断崖上，发现铺有一处五角形水道管遗迹，埋于离地表约1米左右的地方。

五角形水道管外有斜绳纹、里饰布纹。从这两处水道遗迹所处位置来推断，水道管当时是作为宫城排水之用。

阅读链接

《汉书·郊祀志》记载汉朝历代皇帝来到甘泉宫："高祖时五来，文帝二十六来，武帝七十五来，宣帝二十五来，初元元年以来亦二十来。"

据《资治通鉴》记载，唐太宗李世民于贞观二十年曾经来到甘泉宫。秦汉时期以来，一直到唐代，帝王们往返于甘泉宫，是因为有许多重大的朝政决策都安排在这里进行，如朝见诸侯，宴飨外国使臣等，而作为朝廷，防外侮，安边境始终是一件重要事情。

大明宫

大明宫是唐代长安城禁苑，位于陕西省西安市东北部的龙首原，是唐朝的政治中心。该宫始建于634年，周长为北京紫禁城的4倍。

大明宫共有11个城门，东、西、北三面都有夹城。南部有3道宫墙护卫，墙外的丹凤门大街宽达176米，至今仍然是世界上最宽的街道。

唐大明宫是我国古代最为宏伟和最大的宫殿建筑群，同时也是世界史上最宏伟和最大的宫殿建筑群之一。

唐太宗为太上皇建大明宫

唐大明宫是长安城三大宫殿群中规模最大而又最豪华壮丽的宫殿群。它雄踞于城北禁苑的龙首原上，在其上望终南山峰了如指掌，俯视京城坊市街陌如在槛内。

那么，唐大明宫为何要建在高高的龙首原头，又为何要以"大明"两字为宫名呢？

关于大明宫的由来，还有一段名不见经传的典故呢！

据说，唐高祖李渊和唐太宗李世民初建唐朝时，长安城内只有太极宫一处皇宫。而这太极宫也不是

■李渊（566—635），唐朝开国皇帝，史称唐高祖，杰出的政治家和战略家。隋末天下大乱时，他乘势从太原起兵，攻占长安。618年，李渊称帝，改国号唐，定都长安，不久之后便统一了全国，后退位成为太上皇。

唐朝新建的，而是隋朝旧有的。

■大明宫景观图

李渊做了大唐王朝的开国皇帝后，就想着另辟新的豪华富丽的宫殿，以尽享人间安乐，但由于李世民和众贤臣的劝谏，他只得作罢。

后来，李世民做了皇帝，他尊李渊为太上皇，让他在宫中安度晚年。李渊是个贪于享乐之人，他不满足于太极宫里的享乐，嫌太极宫地势低，秋日潮湿，夏日闷热，更嫌太极宫里宫室狭小和陈旧。

因此，他整日闷闷不乐，深深后悔当日在帝位上时，没有当机立断地建造一两处显赫华美的宫殿。

唐太宗见父亲不乐，在看望父亲之时，便问父亲有何不适和要求。

李渊闭口不说。

日理万机的唐太宗便没有再深究此事。

不久，李渊终于忧郁成疾，唐太宗这才急了，又问父亲，李渊仍不开口。

太极宫 建于隋初，隋称大兴宫，公元710年，改称太极宫。因其为唐京的正宫，故又称京大内。唐太极宫实际上是太极宫、东宫、掖庭宫的总称，位于唐长安城中央的最北部。

窦太后 （约569年—约613年），京兆平陵人，唐高祖李渊的妻子，聪慧刚毅，颇有才华。嫁李渊，生子李建成、李世民、李元吉。隋大业年间去世，时年45岁。唐朝建立后，其夫李渊追封窦氏为穆皇后。贞观九年五月九日，追尊为太穆皇后。

唐太宗只好去问母亲窦太后。窦太后是个明理之人，她虽说出了李渊的心病所在，但又劝儿子不要动用府库之资另建宫室，让儿子一心一意地处理朝政大事，把劝谕和调理李渊的事留给自己。

但是，这回唐太宗不敢掉以轻心了，他降旨动用自己的私蓄在城北龙首原头的高阜上，要为父亲建造一座临时避暑的夏宫，并起名"永安宫"。盼望父亲住进去后，能够龙体康复和永享安乐。

这天，工匠们正在挖大殿的地基，突然地下放出了耀眼的金光。工匠们不敢再挖，便去禀报了唐太宗。

唐太宗亲临工地，命工匠们继续挖下去。挖着，挖着，忽见一个物体光芒四射，十分耀人眼目，原来是挖出了一面巨大的古铜宝镜。

这面宝镜面若太阳，金光闪闪，背若月亮，清辉可鉴，四周花纹古朴，尘埃不沾。

唐太宗看后，认不出是何代的宝物，便谦逊地向随行的大臣房玄龄和魏徵等人请教。魏徵示意房玄龄先讲，房玄龄又让魏徵先说。

唐太宗见到自己的两位股肱之臣在

■唐太宗（599—649），唐朝第二位皇帝，名字取意"济世安民"。他早年随父李渊征战天下，为大唐开国立下汗马功劳。他登基后开创了我国历史上著名的"贞观之治"，将传统的农业社会推向了兴盛，为后来全盛时期的开元盛世奠定了重要基础。

■ 唐代大明宫朝贺蜡像

打哑谜，于是便点将道："请魏爱卿先讲讲吧！房爱卿随后补充，如何？"

魏徵捋捋胡须，当仁不让地说起来："原来，这面宝镜就是著名的秦镜，它一直珍藏在秦始皇的咸阳宫中。它有一种奇异之处，若从对面来照镜子，里面则映出人的倒影，如果以手抚胸，就能照见体内的五脏六腑，影像十分清晰，毫纤可见。更重要的是，它能照出臣下的忠奸，更能照出国运之兴衰等。"

"这确实是一件辨真伪、明忠奸、诊国病和保江山的国宝，但秦始皇却只用它来照宫里的宫娥彩女，但见"胆张心动者"，便全部作为有异心者而斩之。秦二世胡亥更是有过之而无不及，杀人如麻，但却留下了奸臣赵高等指鹿为马和专权误国。"

"汉高祖刘邦初占秦都咸阳时，大臣萧何劝刘邦封埋了咸阳宫和阿房宫等所有宫室，金银财宝，子女玉帛、钟鼎、狗、马等一律不要，仅仅装走了秦宫里

胡亥 （前230—前207），嬴姓，名胡亥，也称二世皇帝。秦始皇出游南方病死沙丘宫平台，秘不发丧，在赵高与李斯的帮助下，杀死兄弟姐妹20多人。即位后，赵高掌实权，实行残暴的统治，终于激起了农民起义，胡亥后被人杀死。

宫殿怀古

古风犹存的历代他宫

魏徵（580—643），字玄成。唐巨鹿人，唐朝政治家。曾任谏议大夫、左光禄大夫，封郑国公，以直谏敢言著称，是我国史上最负盛名的谏臣。有关他的重要言论大都收录在唐时王方庆所编的《魏郑公谏录》和吴兢所编《贞观政要》两本书里。

■复原后的大明宫

的所有图书卷轴，再就是这面镇国之宝，即秦镜。"

　　"由于有了这面宝镜，汉朝因此得以延续数百年。在汉末时，群雄争霸，秦镜不知流落何处，谁知数百年后竟在龙首原上再次出世了啊！"

　　说到这里，魏徵向唐太宗深深一拜，贺喜道："今日秦镜出世，预示着大唐江山万古长青，此乃陛下齐天洪福所致，臣特贺之！"

　　唐太宗听后，急忙推开两个内侍抬着的秦镜，说道："朕要此镜何用？朕早就得到一面胜于秦镜千倍万倍的明镜了！"

　　听到这里，魏徵的脸红了，老成的房玄龄却不解地问道："陛下的明镜何在，指予微臣一睹为快？"

　　唐太宗手抚着魏徵之肩，说："魏爱卿者，朕之明镜也！房爱卿，你说是不是啊，哈哈哈！"

　　房玄龄拍手也笑道："陛下所言极是，微臣贺之！哈哈哈！"

魏徵的脸被说得更红了，俯身辞谢道："微臣何能敢与秦镜比高下！陛下过奖了！"

唐太宗正色地说："夫以铜为镜，可以正衣冠，以古为镜，可以知兴替，以人为镜，可以明得失。魏爱卿常进谏于朕，使朕得以明得失兴替，难道不是朕的一面高悬的明镜么？为记今日君臣们明镜之会，朕特改此永安宫为大明宫！"

在场的人都高声欢呼，大明宫就这样得名了。过了不久，大明宫的美名便天下流传了。

阅读链接

关于大明宫一名的由来还有一种说法。据说大明宫原本是李世民为李渊避暑而专门修建的夏宫。起初，为求太上皇的永寿安康而取名为"永安宫"。可是，工程还没建完李渊就驾鹤西行了。

有人认为是"永安宫"这个名字没有起好，说蜀汉皇帝刘备败走白帝城后归天的地方也叫永安宫，因此很不吉利。这样，宫殿在落成的时候又改名为"大明宫"。

唐高宗为武后重建宫殿

公元635年，大明宫刚刚开建不到半年，李渊就怆然离世了，大明宫的营建也戛然而止。而且，这一停就是27年。

公元645年夏，在终南山的翠微宫，53岁的唐太宗李世民病入膏肓。太子李治在伺候照料父皇期间，看见了风姿绰约的才人武则天，涉世未深的李治被武则天的美貌深深地打动了。

公元649年，李世民去世，武则天和部分没有子女的嫔妃们一起进入长安感业寺为尼姑，但

■武则天（624—705），我国历史上唯一的女皇帝。唐高宗时为皇后、唐中宗和唐睿宗时为皇太后，后自立为武周皇帝，改国号"周"，定都洛阳，并号其为"神都"。史称"武周"或"南周"，公元705年退位。

■唐朝击鞠图

是她与新皇帝唐高宗李治却一直藕断丝连。

在唐太宗李世民去世5年后，唐高宗李治来到感业寺看望出家为尼的武则天。他无法忘记这个曾经属于他父亲的美貌女人。就在第二年，武则天被唐高宗李治正式册封为大唐的皇后。

公元662年，唐高宗下令再建大明宫。据记载，为了迅速建成大明宫，国库短时间内拨出了15个州的赋税收入，又停发了各级官员一个月的俸禄，可见皇帝迁入大明宫的迫切心情确实超乎寻常。其实，皇后武则天在大明宫的重建上起到了举足轻重的作用。

在武则天进宫前，李治最宠爱的女人是王皇后和萧淑妃。在武则天的精心策划下，王皇后和萧淑妃先被废为庶人，后被处死。

不愿忍受噩梦折磨的武则天急于离开太极宫。所以，龙首原上一夜之间聚集了数以万计的工匠。

公元663年，唐朝的权力中枢从太极宫开始转移到大明宫了。据史书记载：在唐高宗时期，大唐的疆土东至日本海，西达咸海，南抵越南，北越贝加尔湖。一切都预示着，一个辉煌的时代已经到来。

李华 字遐叔，唐代散文家，诗人。公元735年进士，公元743年报考博学宏词科被录取，历官秘书省校书郎。李华的文章与萧颖士齐名。著有《李华前集》《中集》，两书都已散佚。后人自《唐文粹》与《文苑英华》辑出《李遐叔文集》。传世作品有《吊古战场文》。他的《含元殿赋》是唐代第一大赋。

含元殿 是大明宫的前朝第一正殿，也是唐代长安城的标志建筑，建成663年，毁于886年，其间每逢元旦和冬至，皇帝大多在这里举行大朝贺活动。

诗人李华在《含元殿赋》中这样解释大明宫的含义："如日之升，则曰大明。"这是一个踌躇满志和信心百倍的时代，大度而不浮华，雄浑而不雕饰，大明宫含元殿就是这个时代最好的写照。

公元683年，唐高宗病逝于东都洛阳，皇后武则天独揽大权。

公元690年，67岁的武则天在洛阳称帝，并从此居留洛阳长达11年。

公元701年，在离开长安11年之后，武则天决定重返长安。这时的女皇已经整整78岁了。

公元705年，武则天从容地闭上了她的双眼，大唐江山重新回到李氏家族手中。

公元710年，大明宫玄武门又一次爆发了政变，策划者是李隆基，他是相王李旦的儿子，是武则天的孙子，他就是赫赫有名的唐玄宗。

在唐代，长安是真正的国际大都会，而大明宫，则是这个大都会的核心。在唐玄宗的统治下，大唐的繁荣达到了顶峰。

阅读链接

唐玄宗取得的成就，不但超过了历史上任何一个皇帝，而且后来的帝王也无人能够超越。

这是一个充满阳刚之气的时代，振奋人心，蓬勃向上，自信且开放，声威远播四海，开元时期，文治武功可谓达到了顶峰。唐王朝直辖321个州，边疆州800个，海内富庶，行者万里。极盛时期，自长安要走6000多千米才能达到国境。

大明宫设计建造的传说

　　建设大明宫的工程浩大精深，其施工过程实难想象，先看看含元殿的建筑。含元殿是大明宫内第一座正殿。据记载：

　　　含元建名，《易·乾坤》之说，曰含宏光大，又曰元亨利贞，括万象以为尊。

■大明宫含元殿模型

■ 大明宫遗址出土的墙砖

龙首原 位于陕西省西安市北部。相传秦时，有一条黑龙从秦岭来到渭河饮水，其经过的地方形成一条土山，形状如龙，龙首原就是由这条龙所变，并由此得名。龙首原地形略高于西安市北郊的整体地形，唐大明宫便修筑于此。

唐高宗于公元662年迁入大明宫，两月之后为大明宫各门、殿、亭取名。这时大明宫内诸多殿宇显然不能满足唐高宗和武后对宫廷各种盛大活动场所的要求，宫内还没有可以代表大唐威严与强盛的大殿。含元殿就是在这样的背景下修建的。

含元殿始建于公元662年，第二年建成，历时一年。在经过实地勘察选定龙首原南坡后，朝廷即下令征调数以万计的工匠大兴土木。除砖瓦可以就地烧制外，石材和木材都是从全国各地运到京城的。据李华《含元殿赋》中描写：

> 命征磐石之匠、下荆扬之材、操斧执斤者万人。涉碛砾而登崔嵬，择一干于千木，规大壮于乔枚。声坎坎与青云，若神踏而颠摧。

从李华描写中，可看到采伐建筑用材的过程：在远离荆州和扬州等地方，近万名工匠携带着斧锯等工具进入深山老林，寻找合格的栋梁之材。

李华所说的千里寻一并不夸张，在含元殿遗址处有一座方形的石柱础，这个石柱础上部覆盆状的圆形部分是用来承载宫殿立柱的，由此可以推断出立在其上的立柱应该是巨型木材。

史书记载：大明宫的监造者为司农少卿梁孝仁。梁孝仁监督大明宫工程的进展，但是作为唐朝主管农业的官员，他不可能是皇家建筑的设计师。大明宫的设计者究竟是何人呢？

奇怪的是，如此巨大的建筑群，史书上却没有任何关于建筑师和设计师的记载。根据《旧唐书》的记载，大明宫建造期间，阎立本正担任唐朝政府的将作大匠。

阎氏一家深谙工艺之学，父亲阎毗曾为隋朝的殿内少监，兄长阎立德曾先后担任唐朝的将作大匠和工部尚书。阎立德设计了翠微宫、玉华宫以及唐太宗的昭陵，这是大明宫之前唐王朝最为重要的建筑工程。

阎立德死后，其弟阎立本接任将作大匠，专门负责皇家工程的设计和营造。因此可以有理由推测，大明宫的设计者就是阎立本。他既是唐朝声名显赫的画家，又是大明宫的建筑设计师。

关于大明宫修建过程的具体细节，史籍中记载的并不多，但完全可以相信，工程监造者梁孝仁肯定是费尽了心血。先是建筑

石柱础 是我国传统建筑中结构构件与艺术构件完美统一的典型代表。石柱础的强大生命力，主要有3个功能。第一，承载由柱子传来的屋顶重荷，并将其传到地基上。第二，隔绝地基的潮气，防止木柱受潮腐烂。第三，根据柱间板壁的安装要求不同，柱础形态做出相应的变化及处理。

■阎立本（约601—673），唐代画家兼工程学家。擅长工艺，工篆隶书，对绘画、建筑都很擅长。代表作品有《步辇图》《古帝王图》《职贡图》《萧翼赚兰亭图》等。

契苾何力 铁勒族契苾部人，契苾氏，唐代名将。出身铁勒可汗世家，后率部归唐。公元642年被反叛的部众绑架至薛延陀，唐太宗不惜以公主下嫁为条件换回契苾何力。后作为唐军前军指挥官参加了对高句丽的战争，后任辽东道大总管。死后，陪葬昭陵，谥号毅。

工人的管理就够他劳累的了。工匠一般是朝廷工部下属机构的人员，是吃皇粮的，每月有固定俸禄。

值得嘉许的是，工程监造者梁孝仁在修建的过程中就开始注意绿化。起初，他在各个庭院中都种植了白杨树，并领着著名将领契苾何力参观了正在修建的宫殿。

而沿着宫墙又种植了柳树，这种柳树成为大明宫的一景，张祜的"万树垂柳排御沟"，韩翃的"寒食东风御柳斜"都是描写这些柳树罩御宫的佳句。

大明宫和含元殿在建成后又先后经过多次整修。唐德宗贞元年间，含元殿已经历了140多年的风风雨雨，显得有些陈旧，于是德宗下令于公元803年开始整修，修了一年多。两年后的农历正月初一，唐德宗在整修后的含元殿接受百官朝贺，谁料就在这一天突然得了急病，没过几天就驾崩了。

阅读链接

话说起初梁孝仁种植许多白杨树，并领着著名将领契苾何力参观正在修建的宫殿。

梁孝仁指着杨树对将军说："这些白杨树都是速生树种，三五年后，整个宫中就会是绿荫处处了。"

契苾何力虽然是来自铁勒部落的大将，但对于汉族文化的熟悉程度不亚于本土人士，他随即吟了一句古诗"白杨多悲风，萧萧愁杀人"。

梁孝仁一听，将军是在说白杨树乃是墓冢之间的树种，不应该种植在皇帝居住的地方。梁孝仁立即下令将所种的白杨树统统拔去，改种梧桐。

大明宫的丹凤门和玄武门

大明宫共有9座城门，南面正中为丹凤门，东西分别为望仙门和建福门；北面正中为玄武门，东西分别为银汉门和青霄门；东面为左银台门；西面南北分别为右银台门和九仙门。

除正门丹凤门有5个门道外，其余各门均为3个门道。在宫城的东

■大明宫丹凤门

丹凤门 是唐大明宫中轴线上的正南门，东西长达200米，其长度、质量、规格为隋唐城门之最，体现其千般尊严、万般气象的皇家气派。丹凤门的规制之高、规模之大均创都城门阙之最，对研究唐长安城和我国都城考古均有重要价值，被文物考古界誉为"盛唐第一门"。

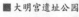
■大明宫遗址公园

西北三面筑有与城墙平行的夹城，在北面正中设重玄门，正对着玄武门。

1957年，考古工作者曾在这里进行过钻探，因受居民住宅所限，当时只探出了3个门道，明确了丹凤门遗址的位置。

近年的考古挖掘表明：丹凤门的门道为5个门道，和历史的记载"天子五门"相符，是名副其实的隋唐第一门，其规模比北京天安门还大。

钻探和发掘结果表明，丹凤门基址主体由门道、隔墙和墩台3种夯土结构浑然组成。门道共有5个，除西边的3个门道及其相邻隔墙和西墩台保存较好外，其余的门道、隔墙和东墩台遭到严重破坏。通过钻探发掘可知东部外轮廓与西部大致对称。

丹凤门保存较好的3个门道宽9米，残存进深23米，隔墙宽3米，门道地面较平整，局部可见均匀而密集的圆形小夯窝。

丹凤门门限位居门道中部偏南约4米处，现存的3个门限坑东西处于同一直线上，坑内皆有残存火焚后余留的木炭块，门限两侧置有石门砧。

门道两侧的夯墙下皆置有南北排列的长方形排叉柱坑，个别柱坑中尚保存有未曾移位的石础，顶面中央凿有长方形的卯眼。

丹凤门西墩台夯基南北长33米，东西最宽处达15米。其西南部转角与城墙衔接处地面保存较好，局部残存有包壁砌砖。

由此可知，丹凤门主体基台外壁应是以长方形砖包砌而成的。

丹凤门基址主体两侧与城墙和马道相联结。东、西城墙均宽9米，其中西城墙保存较好，东城墙遭毁殆尽，残存高于地面约一米。东、西马道紧贴城墙北侧，与东、西墩台相接。

丹凤门出土遗物以建筑构件为主，尤以长方形砖、板瓦、筒瓦和莲花纹瓦居多，也有少量的绿釉琉璃瓦、鸱尾、铁泡钉和石构件残块。

丹凤门部分砖瓦上戳印有纪年文字，其中一瓦块上有"宝"字样，应是唐玄宗时期修缮丹凤门楼的珍贵遗存。遗址中还出土了一些陶瓷器残片，其中一件

■ 大明宫遗址出土的石兽首

卯眼 木器部件相连接时插入榫头的凹进部分。清代梁同书《直语补证·笋卯》："凡剡木相入，以盈入虚谓之笋，以虚受盈谓之卯。故俗有笋头卯眼之语。"

鸱尾 又名螭吻，是龙生九子中的儿子之一，喜欢东张西望，经常被安插在建筑物的屋脊上，做张口吞脊状，并有一剑固定。这个装饰现在一直沿用下来，在古建中，"五脊六兽"只有官家才能拥有。是作成作福的象征。

■ 大明宫遗址公园
内的玄武门

白瓷碗底部刻有"官"字款，尤为珍贵。

丹凤门沿用的历史长达240余年，是大明宫的正南门，其北面正对含元殿，两者之间为长600余米的御道。

玄武门是大明宫北面的正门，位于未央区坑底寨村。门基座平面呈长方形，它只有一个门道，相比大明宫南面正门丹凤门5个门道，显得窄小了许多。

据记载，玄武门上有门楼建筑，是宫城护卫重兵驻扎之地。

在西安有两座玄武门，一座遗址在大明宫北，另一座遗址在太极宫北，是"玄武门之变"的发生地。

"玄武门之变"发生于公元626年。当时的秦王李世民在长安城宫城北门玄武门杀死太子李建成和齐王李元吉。

随后，李渊诏令李世民为皇太子，下令军国庶事

李元吉 名劬，小字三胡，唐高祖李渊的第四子，窦皇后所生。高祖太原起兵时，留守太原。唐朝建立后，封为齐王。公元626年，李世民发动"玄武门之变"，与太子李建成同时遇害，终年24岁。

无论大小悉听皇太子处置。不久之后李世民即位，年号贞观。玄武门也因为此次政治事件而名扬古今了。

玄武门之所以会在唐朝前期历次政变中具有决定成败的地位，与唐代皇宫的规制有关。

在唐代，都城的皇家宫殿是帝王居住和听政的主要场所，即政治权力中枢，所以太极、大明两宫和洛阳宫城的宫殿建筑格局完全一样，都是沿着南北向轴线对称排列，分为外朝、内廷两部分。

外朝主要是皇帝听取朝政、举行宴会的宫殿和若干官署，内廷则是皇帝和后妃的寝宫和花园，是帝王后妃起居游憩的场所。而最关键的是，外朝位于皇宫南部，内廷则处在皇宫北部。

因此，皇宫城墙北面诸门就对内廷的安全起着主要的作用，这其中，作为北面正门的玄武门，就更是有着举足轻重的地位。

李建成（589—626），唐高祖李渊的长子。对唐朝的建立颇有贡献，曾统兵平定河北的刘黑闼。后其弟李世民发动"玄武门之变"，将李建成一箭射死。李世民继位后，追封李建成为息王，谥"隐"。公元642年，又追赠"隐太子"。

■ 大明宫遗址公园内的宫廷建筑

■大明宫遗址出土的陶猪

　　唐代皇宫城墙各门都由宫廷卫军把守，而玄武门外就设有两廊，宫廷卫军司令部驻在这里，称为"北衙"，有着坚固的工事和驻有雄厚的兵力。

　　据此，政变发生时首先控制玄武门的意义就不言自明了：因为控制了玄武门便可以控制内廷，而控制了内廷也就可以控制皇帝，从而控制朝廷，乃至整个国家。所以，玄武门历来是兵家必争之地，地位非常重要。

阅读链接

　　丹凤门始建于公元662年，是大规模营筑大明宫时，于大明宫南墙，即长安城北郭墙东段开辟修建的公元757年，曾改名"明凤门"，不久复名丹凤门。

　　自建成之日起，丹凤门就成为唐朝皇帝出入宫城的主要通道，在大明宫诸门中规格最高。丹凤门上有高大的门楼，是唐朝皇帝举行登基、宣布大赦等外朝大典的重要场所。

坐落于南北中轴线的三大殿

　　大明宫的正门丹凤门以南，有丹凤门大街，以北是含元殿、宣政殿、紫宸殿等组成的南北中轴线，宫内的其他建筑，也大都沿着这条轴线分布。在轴线的东西两侧，还各有一条纵街，是在3道横向宫墙上开边门贯通形成的。

　　含元殿是皇帝举行重大庆典和朝会的地方。含元殿是唐长安城的标志建筑，建成于公元663年，毁于公元886年，存在了220余年。

■紫宸殿遗址

■ 大明宫麟德殿效果图

冕旒 帝王戴的冕冠，其顶端有一块长形冕板，叫"延"。延通常是前圆后方，用以象征天圆地方。延的前后檐，垂有若干串珠玉，以彩线穿组，叫作"冕旒"。冕旒的多少和质料的差异，是区分贵贱尊卑的标志。

其间每逢元旦、冬至，皇帝大多在这里举行大朝贺活动。所谓"九天阊阖开宫殿，万国衣冠拜冕旒"就是描写当时含元殿大朝会的盛况。

含元殿修建在龙首原上，殿前方左右分峙翔鸾和栖凤两阁，殿两侧为钟楼和鼓楼。殿、阁、楼之间有飞廊相连，成"凹"字形，由于周汉以来阙制的发展，也影响了历代宫阙直至明代紫禁城午门的设计和布局。

含元殿居高临下，两翼开张，包括两阁在内，建筑群组气势宏大，是最能反映唐代气魄的宫殿。唐代诗人李华在《含元殿赋》中描写道：

左翔而右栖凤，翘两阙而为翼，
环阿阁以周墀，象龙行之曲直。

含元殿是当时唐长安城内最宏伟的建筑。整座宫殿坐北朝南，居高临下，规模宏大，建筑雄伟。

含元殿南距丹凤门400余米，殿庭极为宽阔。由于它高高地屹立于龙首原南沿之上，殿基高出地面13米。为了百官朝见的方便，于是在殿前修建了两条平行的斜坡砖石阶道，共长70余米。

每遇朝会，群臣即由两道而上。这两条阶道由丹凤门北上，宛如龙生而垂其尾，极为壮观，故称为龙尾道。龙尾道衬出了含元殿的高大雄伟。

含元殿的高大宏伟历来为人所称颂，统治者为建此宫也耗费了大量人力、物力。后来，有关人员在含元殿遗址南部发现了一条处水渠道、三座桥梁、两条道路等重要的唐代考古遗址。

发现的唐代殿前渠道位于含元殿遗址土台以南，东西走向，已探知长度为400余米，基本与含元殿南

093

唐朝皇宫

大明宫

■含元殿遗址

沿平行。该水渠道还有延伸部分，两壁较直，底部较平，两壁局部还发现有砌砖痕迹。

其东段略浅，西段略深，可以推测渠道内水的流向为由东向西。另外，在渠道内还出土有大量的唐代砖瓦、石块、螺壳、陶瓷器、铜钱、铁钉、铁剑等遗物。从地层剖面来看，该渠道在唐代以后还沿用，明清时期还曾一度疏浚过。

发现的唐代水渠道上的3座桥梁，皆位于含元殿南部。相对位置分别在含元殿正南、含元殿西朝堂正南、含元殿东朝堂正南，为中央桥梁基础、西侧桥梁基础、东侧桥梁基础。发现的两条步行道在水渠道南岸，沿渠道而走，东西走向。

道路上车辙痕迹明显，可见该道路沿用时间很长。其中中央一桥正与含元殿中心相对，从桥桩柱洞的遗迹可知，桥东西长17米、南北宽4米。

东西两桥则与百官上朝前暂时休息的东、西朝堂南北相对而立，其作用犹如后世皇帝宫殿建筑中的

■大明宫遗址公园

"金水桥"。

含元殿是大明宫的第一正殿，也是唐长安城的标志建筑。殿前百余米有门址遗迹，可能为牌坊式建筑。门左右有横贯宫城的隔墙，门前面是一大广场。

这组庞大的宫殿建筑群，体现了唐代建筑的雄伟风格，并成为后世宫殿的范例。

含元殿一直使用至唐朝末年，从兴建至唐末被毁的200余年中，历经了德宗贞元四年的地震和几次大风大雨的自然损害，不断有所维修，但始终未见有重大拆改或重建的记录。

含元殿遗址中出土有大量表面呈黑色光亮的陶瓦，殿顶的屋面用瓦，还出有一些琉璃瓦片，据此估计此殿的檐口使用了琉璃剪边的做法。在台基四周出土残石柱和螭首石刻残块多件。

螭　传说中螭是龙的九子之一，是一种没有角的龙，其好险，勇猛，檐翘起的部分都有它，又称为"螭吻"。在古建筑或器物、工艺品上常用它的形状作装饰。螭嘴大，肚子能容纳很多水，在建筑中多用于排水口的装饰，称为螭首散水。

宫殿怀古

古风犹存的历代华宫

■大明宫遗址公园
屏风

北衙 军事机构
名。唐代禁卫军
有南衙、北衙之
分。南衙隶属
宰相府，由宰相
管辖，分隶十二
卫；北衙为禁
军，有羽林、龙
武、神武、神第
四军，由皇帝直
辖。意在"文武
区别、更相检
伺"。因为宰相
办公处设在皇宫
南面，故称南
衙，禁军总部设
在皇宫北面，故
称北衙。

翔鸾阁北廊道的西侧出土许多铁甲片及矛头，学者推测是在兵火战乱中被遗弃的。

含元殿正北处是宣政殿遗址，与含元殿同在宫城的中轴线上。宣政殿是皇帝临朝听政之处。

宣政殿是大明宫中的第二大殿。殿基东西长约70米，南北宽40多米。殿前130余米处为三门并列的宣政门，东西则有横亘全宫的第二道横墙。东廊之外为门下省和史馆等，西廊之外为中书省和殿中省都是中央官署。

皇帝经常在这里召见朝集使、贡使与策试举人。从公元791年至公元808年，皇帝每年都要在此殿里大会群臣。京官九品以上、外地官员在京者一律就列，场面极其隆重。

宣政殿是皇帝每月朔望见群臣之处，相当于太极宫的太极殿，殿左右建官署的情况也相同。自含元殿至宣政殿一段是宫中的朝区。

据据近年考古发掘发现，大明宫南北衙建制和太极宫有很大的不同，南北衙以宣政殿为界限，一道东西向的宫墙将大明宫拦腰截断，其北为宫城，其南为皇城。

宣政殿两旁为东、西上阁门，西有延英门、光顺门，东有崇德门，以分段禁内外。而中书省和门下省则布列在宣政殿前东西两侧，已在宫禁之外，原来的中朝这时变成了外朝。

据《隋唐嘉话》下篇记载：

> 武后临朝，薛怀义势倾当时，虽王主皆下之，苏良嗣仆射遇诸朝，怀义偃蹇不为礼，良嗣大怒，使左右牵拽，搭面数十。
>
> 武后知曰：阿师当北门出入，南衙宰相往来，勿犯也……

可见此时的宰相所居已称"南衙"，禁宫内外南北界限十分严格。中书、门下两省完全被驱逐出了宫城，而居于皇城，实际上已不存在中书内省和门下内省了。

决策机构被撵出宫禁，宰相议政居于禁外，致使其决策地位大为削弱，实际上的权力也自然降低了，这是唐代政治史上的一

《隋唐嘉话》
唐代笔记小说集。作者唐代刘餗，字鼎卿。史学家刘知几的儿子。官右补阙、集贤殿学士。此书记载了南北朝至唐开元年间历史人物的言行事迹，以唐太宗和武后两朝为多。新、旧《唐书》和《资治通鉴》里的某些史实，即取材于此书。

■ 大明宫遗址出土的玉壶

宫殿怀古

古风犹存的历代华宫

九品 九品官人法，是魏晋南北朝时期重要的选士制度。它与"继汉开唐"的魏晋南北朝一样，在我国历史上具有特殊的、十分重要的意义。但是，由于种种原因，九品官人法的研究还相当薄弱，一些基本的、重要的史实尚未得到合理的阐释。

■唐代仕女刺绣

大变局。

将决策机构撵出宫禁，降低宰相的权力地位，是武则天打击政敌，扫除唐开国以来把持中枢政权的关陇勋贵的绝妙一招。

紫宸殿是与含元殿、宣政殿同在一条中轴线上的第三大殿，是大明宫中的三大殿之一。紫宸殿为大明宫的内衙正殿，皇帝日常的一般议事多在此殿，故也称"天子便殿"。

如果不计入内苑部分，从丹凤门至紫宸殿约1.2千米，这个长度大于从北京故宫天安门到保和殿的距离。由于进入紫宸殿必须经过前宣政殿左右的东西上阁门，故进入紫宸殿又称为"入阁"。能够入阁与皇帝商议军政大事，在当时是大臣颇为荣耀的事情。

朝参是唐朝在京官员最重要的政事活动。

按照制度规定，唐朝朝参有3种不同的举行时间和形式，一种是元日和冬至日举办的大朝会，最隆重，需要有"大陈设"，到时皇帝"服衮冕，冬至服通天冠绛纱袍，御舆以出，曲直华盖，警跸侍卫如常仪"，接受群臣客使朝参礼贺。

朝会参加者最多，有王公诸亲、在京九品以上文武官、地方上奏的朝集使、周隋后裔介公部公，蕃国客使等，朝贺结束后并有宴会。

正、冬大朝会本在太极宫的太极殿，高宗以后因为居住大明宫，所以改在含元殿进行。唐朝后期又改在含元殿后的宣政殿举行。

其次是朔望朝参。即每月的初一、十五。其殿上设黼扆、蹑席、熏炉、香案，依时刻陈列仪仗，"御史大夫领属官至殿西庑，从官朱衣传呼，促百官就班"。

■唐代皇帝受朝贺陶俑

跪拜 跪而磕头。在我国的旧习惯中，作为臣服、崇拜或高度恭敬的表示。古人席地而坐，"坐"在地席上俯身行礼，自然而然，从平民到士大夫皆是如此，并无卑贱之意。只是到了后世由于桌椅的出现，长者坐于椅子上，拜者跪、坐于地上，"跪拜"才变成了不平等的概念。

大明宫遗址公园内鎏金塑像

在监察御史的带领下，群官按品级于殿庭就位，皇帝始出就御座，群官在典仪唱赞下行跪拜之礼。朔望朝参一般也在宣政殿正殿举行。

最后是常参。唐前期按制度"凡京司文武职事九品以上，每朔、望朝参；五品以上及供奉官、员外郎、监察御史、太常博士，每日朝参"。

每日朝参就是常参，一般不用摆列仪仗，也无大排场，是真正的行政日。参加者称常参官，人数少而级别高，都是五品以上职事要重者。常参则在宣政殿再后的便殿紫宸殿举行。

据说玄宗时，将朔望朝参也改在紫宸殿举行，宪宗元和以后，将紫宸殿改作常朝正殿，宰相、常参官奏事都在此殿。

阅读链接

含元殿是大明宫中轴线上南起的第一座殿宇，属皇宫前朝三大正殿之首，规制宏伟，地位尊崇，与北京故宫太和殿地位相当。

含元殿自建成起，就成为都城长安的主要标志建筑，称著当时，传名后世。关于含元殿的殿名，按唐人李华《含元殿赋》所说："含元建名，《易·乾坤》之说，曰含弘光大，又曰元亨利贞，括万象以为尊"。说明含元二字源于《易经》。

武则天时曾改成"大明殿"，使殿名与宫名相统一，至唐中宗即位后才恢复旧称。

宫内各殿的设置与功能

　　大明宫内的延英殿、麟德殿、三清殿、太液池和梨园等建筑大部分以生活和宴游为主，真实地反映了唐朝时期的精神生活。延英殿是大明宫留存的遗址之一，属于内宫的宫殿。这座宫殿规模不大，却由于历史的机遇，一度成为大明宫的权力核心。

　　中唐以后，下朝之后，皇帝如果认为有事情需要商量时，会让大臣到延英殿议事，而大臣们如果认为有紧急情况需要面见圣上，也可以写下奏折要求开延英殿，这种奏表叫做"牓子"。

唐代出土的官文

■唐武宗（814—846），武宗即李炎。唐穆宗第五子，文宗弟。武宗在位时，任用李德裕为相，对唐朝后期的弊政进行了一些改革。唐武宗崇信道教，下令拆毁佛寺，没收大量寺院土地。由于毁佛成功，从而扩大了唐朝政府的税源，巩固了中央集权。

唐代宗即位之后，宰相苗晋卿年老体弱，走路时双腿发软，步履蹒跚。代宗特许他每隔一天到政事堂办公，享受"入阁不趋"的待遇。入阁不趋就是允许你进入宫殿拜见皇帝时可以慢慢地走过去。

唐代宗还特意在偏殿延英殿召见苗晋卿，《新唐书》中记载"宰臣对小延英，自晋卿始"。相对于宣政殿、紫宸殿这些正规的场合而言，延英殿属于便殿，大臣在这里议事可以直接面对皇帝，少了许多繁琐的礼节，君臣之间的关系比较随和。

能够被召到延英殿议事表示受到了皇帝的重视，因而成为大臣们的一种荣誉。

散朝之后，皇帝回到内宫之中，在这种情况下如果有紧急事件发生，宰相也可以要求皇帝驾临延英殿议事。唐武宗时期便在延英殿里发生过这样一件事。

公元841年，在宦官仇士良的劝说下，刚刚即位不久的唐武宗下诏派中使前往潭州和桂州诛杀前宰相杨嗣复和李珏。傍晚，户部尚书杜惊得知这个消息后，驰马前往安邑坊宰相李德裕的住宅，请他出面制止。

唐代宗（726—779），唐朝第九位皇帝，唐肃宗长子。安史之乱结束，大唐开始走向衰落。代宗于公元779年去世，庙号代宗，谥号睿文孝武皇帝，葬于元陵。

当时李德裕正在家中休假，第二天早上，他便同其他几位宰相汇集到中书省，李德裕写下奏表，要求唐武宗开延英殿重新商议此事。第一封奏表递上去以后未见回音。中午，李德裕又写了第二份奏表。一直等到下午，宫中终于传出消息：圣上将在延英殿召见几位宰相。最终杨嗣复和李珏两人免于一死。

按照通行的牛、李两党说，杨嗣复和李珏属于牛党，和李德裕是对手，由此可以看出李德裕出手相救并非出于私情。

李德裕认为这件事必须和宰相商议，如果皇上越过宰相直接下达诏令诛杀这两个人，是违背制度的，听之任之，皇权与相权之间的制衡将会被打破。

公元795年，宰相陆贽被贬，甚至有消息说唐德宗怒气未消要杀了陆贽。谏议大夫阳城说，不能让天子信用奸臣杀害无罪的人。他带领众谏官前往延英殿上书替陆贽喊冤。

元稹在回忆阳城在这件事上的表现时写道："延英殿门外，叩阁仍叩头。且曰事不止，臣谏誓不休。"

这次跪在延英殿前上书是谏官们的一次大的行动，在此之前相当长的一段时间内，谏官们并没有受到重视。有一段时间谏官减员后就不再重新补足名额，结果满朝只剩下两个谏官，一个是谏议大夫韩皋，另一个是拾遗归登，而这两个人的处境也不妙。

■ 西安大明宫遗址公园骆驼雕塑

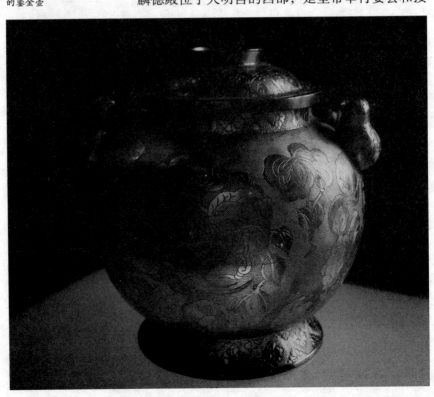

唐朝朝廷机构的官员在上班时能享受一顿免费的工作餐，当时的宰相下令停发了归登的伙食费，让他去中书舍人那里蹭饭，朝中的官员戏说："韩谏议虽分左右，归拾遗莫辨存亡。"

因此，阳城等人这次跪在宫门前上书引起了很大的轰动，80岁的金吾将军张万福听说有谏官伏阙上书后，三步并作两步赶到现场，高声祝贺说："朝廷有直臣，天下必太平！"。

"瑞烟深处开三殿，春雨微时引百官。"唐朝诗人张籍的《寒食内宴》中这样描述盛唐时期唐大明宫麟德殿的盛景。

麟德殿位于大明宫的西部，是皇帝举行宴会和接

■ 大明宫遗址出土的鎏金壶

见外国使节的地方，建筑面积达1万多平方米。

根据勘测，麟德殿原有前后毗连的3座大殿建在高高的台基之上，中殿左右各建有一个亭子，后殿左右各建一楼，周围环绕有回廊，将各个部分连接在一起。麟德殿规制宏伟，结构特别，堪称唐代建筑的经典之作。

皇帝经常在这里举行宫廷宴会、观看乐舞表演、会遣唐使。

公元703年，武则天在此会见并设宴款待了日本遣唐使粟田真人，这是他第八次作为遣唐使来到长安。

粟田真人在日本文武天皇时期的官阶是"朝臣"，职务相当于户部尚书，这一次他带来的许多地方特产让武则天很高兴，于是女皇便在麟德殿赐宴并授予了粟田真人"司膳卿"的职位。

唐代宗曾在此一次欢宴神策军将士3000多人。当时，唐代的官员以能出席麟德殿宴会为荣。

麟德殿位于大明宫太液池西侧的一座高地上，它的遗址已被发掘，底层面积约5000平方米，由4座殿堂前后紧密串联而成，是当时我国最大的殿堂。

在麟德殿主体建筑左右各有一座方形和矩形高台，台上有体量较小的建筑，各以弧形飞桥与大殿上层相通。据推测，在建筑四周可能用廊庑围成庭院。

麟德殿建筑以数座殿堂高低错落地结合到一起，

■ 大明宫遗址出土的文官像

遣唐使 从公元7世纪初至9世纪，日本为了学习我国文化，先后向唐朝派出十几次遣唐使团。其次数之多、规模之大、时间之久、内容之丰富，可谓是中日文化交流史上的空前盛举。遣唐使对促进中日友好交流做出了巨大贡献，成为中日文化交流的第一次高潮。

■麟德殿遗址

以东西的较小建筑衬托出主体建筑，使整体形象更为壮丽和丰满。

麟德殿下有两层台基，殿本身由前、中、后三殿聚合而成，故俗称"三殿"。三殿均面阔9间，前殿进深4间，中、后殿约进深5间，除中殿为两层的阁外，前后殿均为单层建筑。

在麟德殿中殿左右有两座方亭，亭北在后殿左右有两座楼，称为郁仪楼和结邻楼，都建在高7米以上的砖台上。自楼向南有架空的飞楼通向两亭，自两亭向内侧又各架飞楼通向中殿上层，共同形成一组巨大的建筑群。在前殿东西两侧有廊，至角矩折南行，东廊有会庆亭。

在麟德殿举行大宴时，殿前和廊下可坐3000多人，并表演百戏，还可在殿前击马球，故殿前极可能是宽敞的广场。麟德殿是迄今所见唐代建筑中形体组合最复杂的宏大建筑群。

三清殿是大明宫内等级最高的道教建筑。三清殿位于大明宫的西北角，台基面积达4000平方米，台上原来是楼阁式的建筑。

宫殿修筑在高为14米的高台上，非常醒目。唐代崇尚道教，供奉老子，三清殿是宫廷内供奉祭祀道教的建筑。

唐朝的统治者崇尚道教，认老子为祖先，道教与李唐王朝有着特殊、深厚的渊源，其中一个重要原因就是唐初门阀士族的传统势力还很强大，若非系出名门，就很难得到社会的尊重。

唐朝皇帝为提高自己的门第出身，便利用道教始祖李聃和皇室都姓李的巧合，附会自己是太上老君李聃的后代，是"神仙之苗裔"。道教因而也就成为李

马球 史称"击鞠""击球"等，骑在马背上用长柄球槌拍击木球的运动。蒙古族民间马上游戏和运动项目，流行于内蒙古等地。相传唐初由波斯，也就是现今的伊朗传入，称"波罗球"，后传入蒙古，相沿至今。

■ 唐代仕女打马球蜡像

老子（约公元前570—前471），字伯阳，又称李耳。生于楚国苦县历乡曲仁里，即今河南省鹿邑县太清宫镇。谥号"聃"。老子是我国最伟大的哲学家和思想家之一，被道教尊为教祖，称为世界文化名人。老子存世著作有《道德经》，又称《老子》。

唐王朝信奉的重要宗教，而三清殿则成为大明宫中最重要的道教建筑。

唐代道士在宫廷中的活动，贯穿于整个李唐王朝的始终。唐初，他们竭力宣传李唐王朝与老子的亲属关系，奠定了道士们在宫廷中活动的基础。

中唐时期，他们利用皇室的支持，把道教的影响由宫廷扩展至民间，在"开元盛世"中掀起了一股狂热的崇奉道教的风气。晚唐时期，一些道士在皇室的允诺下，取得了一次"兴道灭佛"的胜利。

隋末时期，道士王远知假托奉老君之旨，向李渊"密传符命"，还预告李世民将成为"太平天子"，李渊闻之大喜，授王远知朝散大夫，赐紫丝霞帔和缕

■唐代道观

■ 唐代道观遗址

金道冠，后来李世民又追加其为光禄大夫，赐予茅山建太平观，度侍者21人。

道士薛颐在公元618年就跑到秦王府中，密谓李世民"德星守秦分，王当有天下"。道士歧晖，则在李渊起兵时吹捧他是"真君来也"，派遣了80名小道士迎接他，并为他设醮祈福，祝他克定长安。

后来，李渊、李世民果然平定天下，他们不仅对道教格外青睐，而且虔信太上老君与自己同姓李，定会念及同宗之谊而对李氏天下格外垂怜。

另据文献记载，公元620年，有一个名叫吉善行的人在羊角山见到一位骑着朱鬣白马的白髯老叟。老叟告诉他，你去转告唐天子，我是他的祖先，今年平定贼乱后，子子孙孙可以千年为天子，吉善行便转告了李渊。李渊听后便在羊角山为老叟立了庙。

这老叟不消说便是太上老君了。自命为太上老君

道士 信奉道教教义并修习道术的教徒的通称。道士作为道教文化的传播者，又以各种带有神秘色彩的方式，布道传教，为其宗教信仰尽职尽力，从而在社会生活中，扮演着引人注目的角色。道士之称始于汉，当时意同方士。在道教典籍中，男道士也称为乾道，女道士则相应地称为坤道。

■道教修仙典籍

太上老君 老子的化身，亦称老君。老君是三清尊神中受到最多香火奉祀的神明，道教相信道家哲人老子是老君的化身，度人无数，屡世为王者之师；因其传下道家经典《道德经》，故称老君为道德天尊，也被道教奉为开山祖师。在道教宫观"三清殿"，老君塑像居左位，手执蒲扇。相传老君居住在太清圣境。

后裔，奉天命而坐天下的李渊和李世民等由此而大肆提高道教的地位。

公元625年，唐高祖李渊下诏宣布三教中道教列第一，儒教列第二，佛教排第三，道教的地位有如青云直上。公元637年，唐太宗李世民再次宣布尊奉道教。从这时直至唐玄宗李隆基时代，除武则天时代外，道教一直是春风得意，大受青睐。

在那个时代，道教充斥大都小邑，名山幽谷之中道观几乎无处不在。东都洛阳的玄元皇帝庙，一派"山河扶绣户，日月近雕梁"的宏大气势。长安的太清宫设置了两丈多高的汉白玉老君像，旁边又以汉白玉雕了玄宗侍卫这一老祖宗，更显出雍容肃穆。

其他如华山、王屋山、青城山、仙都山、泰山各处也都遍布着道教的宫观，就连僻远的深山野谷，也有道教踪迹。

唐太宗李世民在道士王远知预告他将成为"太平天子"后，便投在道教门下。据说他还曾受过三洞法箓。他服用了一位名叫那罗迩娑婆的天竺方士的延年之药，中毒身亡。

唐高宗对道教更是亦步亦趋，"令广征诸方道士，合炼黄白"，又请道士"合还丹"。据说一个叫叶法善的道士"少传符箓，尤能厌劾鬼神"，唐高宗就将他召到京师景龙观，"恩宠莫与为比"。

唐睿宗则请太清观道士杨太希为自己烧香供养，祈神保佑。唐玄宗对道教的热情更是达到了登峰造极的地步。他把卢鸿一、王希夷、李含光、马承祯、张果等当时最著名的道士请到长安来，加官封号，百般宠信。

他不仅自己煮炼丹药，登坛受箓，还要大臣百官

三洞法箓 即《传授三洞经戒法箓略说》一书，系我国道教戒律要典。书中认为道教经戒是修道者必须进行的科范，否则不得成仙，犹如涉海而需舟楫一样。以信教对象的品位、贤愚、禀气清浊等而分别授予不同的戒律。书中所记当时道教经戒法箓与传授者的基本情况，颇有参考价值。

■ 大明宫遗址出土的金龙

三清殿 是道教供奉最高尊神"三清祖师"的殿堂。三清是道教的最高尊神，故而每个道观都必须供奉。三清殿内奉"玉清元始天尊、上清灵宝天尊、太清道德天尊即太上老君"，故名"三清殿"。三清殿遍及信奉道教的地方，其中苏州玄妙观三清殿、福建兴化三清殿、巍宝山三清殿、武夷山三清殿等建筑为我国文物建筑精品。

统统去三清殿听讲老庄。

他不仅把太上老君敬奉为祖宗，百般尊崇，还把道士当作亲戚，划归宗正寺，有罪也不依常法处置，只由道教戒格处分甚至还要把玉真公主嫁给道士张果。由此可见，三清殿在唐朝大明宫中的特殊作用和地位了。

太液池，又名蓬莱池，位于唐长安城大明宫的北部，是唐代最重要的皇家池苑。遗址现位于西安市未央区大明宫乡孙家湾村南，地处龙首原北坡下的低地上。传说东海里有个不见底的"归墟"，大江大海的水都流到那里，那里有蓬莱、方丈、瀛洲3座仙山，山上有神仙往来居住。

秦始皇和汉武帝都曾派人入海寻找仙人，未果。汉武帝想念不已，便想出一个办法。他派人在长安建章宫的北面挖一个大池，叫太液池。池上堆土为山，

■ 大明宫遗址公园
太液池

■ 唐代建筑模型

高60多米，造出蓬莱、方丈、瀛洲三仙山。

历代相传，凿大池比作大海，堆3座土山比作仙山。唐大明宫太液池也是如此。

太液池有东池和西池两部分，西池为主池。据了解，太液池中的3座仙山目前已有两座确定了具体位置，其中一座为蓬莱仙山。

蓬莱仙山位于太液池西池的中部，是太液池的主岛。考古工作者对其南岸进行了发掘，发现了一些水池和亭类建筑遗迹，在岛的南边，还分布有两组立石组成的景石群，第一次向世人揭示了蓬莱仙山原是座园林式的风景岛屿。

从底层堆积及太液池遗址西岸中部和北部的发掘来看，近岸处在耕土下层就见到晚唐时期文化层，而在离岸较远的发掘区西部，晚唐时期文化层却处于现地表下1米左右，这说明晚唐时期西岸地势或活动面是起伏不平的，总体来看是东高西低，近岸略高。

在对太液池水边建筑的考古发掘中，人们发现了

三仙山 名字源于《史记》，据记载"……海中有三座仙山，蓬莱、瀛洲、方丈，山上有仙人，宫室皆以金玉为之，鸟兽尽白……"，"三仙山"的传说引发了秦皇、汉武东巡求仙，"三仙山"也成为仙境的代名词，成为人们向往的圣地。三仙山是中国东方神话的源头，"人间仙境"的美誉也由此得来。

■ 大明宫遗址出土的击鼓俑

干栏式建筑 是指在木（竹）柱底架上建筑的高出地面的房子。其具体构筑办法是用竖立的木桩为基础，其上架设竹、木质大小龙骨作为承托地板悬空的基座，基座上再立木柱和架横梁，构筑成框架状的墙围和屋盖，柱、梁之间或用树皮茅草或竹条板块或用草泥填实。

水上干栏式廊道建筑和水榭建筑。东区中段壁上多有柱洞残痕。再往北，在池底青灰色淤泥上，也清理出多个礅墩坑，形状均不规则，坑壁和坑底都有柱洞残痕。

考古工作者在这里清理出一条宽沟以及沟中保存较为完整的一组建筑遗迹。宽沟的平面呈V字形，折口向北沟长70米。建筑遗迹位于沟底，主要保存有16排的圆形柱洞，每排柱洞又由两行平行的柱洞组成。这些成排的柱洞组成了10余个建筑空间，使整体呈均衡对称的双翼式。

在沟底的生土面上，可见明显的浅灰色薄层淤泥，显然沟底曾进过池水，专家表示：沟中建筑原为水上建筑。这种专门挖沟，然后在沟中进行建筑的方式还比较特殊。

在沟底，还发现了栏杆石等七八种青石质的建筑构件，此外还有不少花纹砖、方砖、莲花纹的瓦当等。专家推测，这组水上建筑肯定规模不小。

尤其是位置离池岸最远的几个礅墩坑，分布比较集中，平面上围成一个长方形。在岸坡和池底的礅墩坑内以及附近发现了较多烧残的建筑石构件以及大量的灰烬等火烧遗迹。

根据上述情况初步推定：池内建有一处干栏式建

筑，池内围成长方形的磉墩坑可能就是该建筑的基础遗存；水榭和岸池之间有连接的廊桥，彼岸上的磉墩坑应该是其基础遗存。

太液池出土文物种类也较多，计有砖瓦、石制品、陶瓷器、铁器、铜器、钱币及其他等七大类。

在出土的砖瓦中，多见带铭文的长砖、方砖、板瓦、筒瓦。铭文内容涉及工匠姓名、纪年或月份、窑名，如"匠赵吉""使窑"等。陶瓷器中则有制作精美的三彩注壶、三彩盆、三彩枕以及带"官"字款的碗底等。

考古工作者还首次发现了一枚圆形的唐代钱币砝码。砝码制作精美，当面正中饰一莲花，环花有3朵祥云，其发现是研究唐代钱币的第一手资料。

此外，太液池还发掘出土了一些数量较多、大小不一的蚌壳和螺壳类水生动物及打水用的吸水器等。

太液池是唐代最重要的皇家池园，位于大明宫内廷，是帝王后妃起居游憩场所的中心地区。据史书记

三彩　三彩陶器始于南北朝，兴盛于初唐，故称唐三彩。三彩器，有黄地三彩、绿地三彩、紫地三彩、墨地三彩、酱白地三彩、虎皮三彩。还有釉下三彩，即由青花、釉里红和豆青三种釉下的色彩组成，它是康熙时期一种特殊品种。

115

唐朝皇宫

大明宫

■ 大明宫遗址出土的飞兽砖

载，大明宫太液池环池有游廊400间，从池北至玄武门，有多处殿堂楼阁。

梨园位于大明宫太液池一带。这里是皇室游乐和休闲的地方，分布着各式各样的离宫别殿，酒亭球场。史料记载，唐玄宗酷爱音乐和舞蹈，在艺术领域有着非同一般的天赋，由他倡导并确定把梨园作为音乐、舞蹈、戏剧活动的中心，从而使唐梨园成为我国历史上第一所皇家歌舞戏剧综合艺术学校，唐玄宗也因此被尊奉为我国戏曲艺术的鼻祖。

■ 唐代跳舞俑

梨园有内廷梨园与宫外梨园，两种都是培养选拔音乐人才的教育机构。内廷梨园是唐玄宗亲自执教的地点，教学内容是对梨园艺人传习法曲。

梨园造就了一大批具有较高水平的音乐家，如李龟年、雷海青、黄幡绰、永新等，他们皆为梨园艺人。这些人成为当时音乐界的精英，为唐代音乐的高度兴盛及其音乐分工化的发展，起到了重大作用。

唐中宗时期，梨园不过是皇家禁苑中与枣园、桑园、桃园、樱桃园并存的一个果木园。果木园中设有离宫别殿、榭亭球场等，专门是供帝后、皇戚、贵臣宴饮游乐的场所。

■唐代宫廷宴席壁雕

后来，经唐玄宗李隆基的大力倡导，梨园逐渐成为唐代的一座"梨园子弟"演习歌舞戏曲的梨园，成为我国历史上第一座集音乐、舞蹈、戏曲的综合性"艺术学院"。李隆基自己担任了梨园的崔公，相当于现在的校长。崔公以下有编辑和乐营将两套人马。

李隆基为梨园搞过创作，还经常指令当时的翰林学士或有名的文人编撰节目，如诗人贺知章、李白等都曾为梨园编写过上演的节目。

李隆基、雷海青、公孙大娘等人都担任过乐营将的职务。他们不仅是才艺极高的著名艺人，又是诲人不倦的导师。

梨园子弟分为坐部、立部、小部和男部、女部。坐部一般是优秀演员，乐工坐在堂上演奏，舞者大抵为3人至12人，舞姿文雅，用丝竹细乐伴奏。

翰林学士 官名。学士始设于南北朝，唐初常以名儒学士起草诏令而无名号。唐玄宗时，翰林学士成为皇帝心腹，常常能升为宰相。北宋翰林学士承唐制，仍掌制诰。此后地位渐低，然相沿至明清，拜相者一般皆为翰林学士之职。

唐代仕女陶俑

宫殿怀古

古风犹存的历代华宫

立部是一般演员，乐工立在堂下演奏，舞者60人至80人不等，舞姿雄壮威武，伴奏的乐器有鼓和锣等，音量宏大；小部为儿童演出队。

唐玄宗从发展的观点出发，为更进一步提高乐工、乐伎的音乐素养与技艺，使乐才源源不断，在梨园法部专设了一个音乐"少幼班"，即小部者。

"小部者，梨园法部所置、凡三十人，皆十五以下。"为唐代音乐艺术的稳步发展提供了必备的人才储备。这种对于儿童进行早期的启蒙性的音乐教育尝试，在世界教育史上也是少见的。

此外，梨园还设有舞部，又分为文舞和健舞。像这样庞大的艺术团体，男女兼有的皇家音乐、舞蹈、戏曲学院，出现在1000多年前，不能不说是世界罕见的。

排练时唐玄宗李隆基亲自担任指挥，谁要是弹错或唱错了，马上就会听出来并加以纠正。唐玄宗还善于打羯鼓，常常亲自为乐队击鼓。

一次梨园排戏，唐玄宗李隆基看得兴起，也换上戏衣，参加表演，在唐玄宗李隆基的参与下，歌舞戏剧排演得很成功。

梨园的设置，对唐代歌舞的发展起了很大的促进作用，唐玄宗李隆基对此是有贡献的。所以后世便将戏曲界称为"梨园界"或"梨园行"，戏曲演员则称为"梨园子弟"或"梨园弟子"，而唐玄宗李隆基理所当然地被尊为梨园神了，也有的人叫他"老郎神"。

为什么俗称梨园神是老郎神呢？因为在有些地方的方言中，"老"是"小"的昵称，小儿子常被叫作老儿子。李隆基是唐睿宗的第三个儿子，也就是小儿子，即老郎。唐玄宗也常称"三郎"。

在史书中有关唐玄宗李隆基与杨贵妃的记述中，也有三郎之说。这就是三郎的由来。唐玄宗李隆基在梨园给梨园弟子们排练时，常对他们说："你们要好好练，别给三郎丢脸！"

过去在戏班子的后台，都会见到戏班所供的一个神龛，龛中有一尊神像，是个白脸的漂亮男子模样，身穿黄袍。这就是他们戏曲行所供奉的行业神"老郎神"，也就

羯鼓 是一种出自外夷的乐器，据说来源于羯族。羯鼓两面蒙皮，腰部细，用公羊皮做鼓皮，因此叫羯鼓。它发出的音主要是古时十二律中阳律第二律一度。古时，龟兹、高昌、疏勒、天竺等地的居民都使用羯鼓。

■唐代服饰

■ 大明宫遗址出土的戏曲陶俑

是梨园神。这位梨园神是谁，不消说，自然是唐玄宗李隆基了。

在梨园里，宫女谢阿蛮备受皇帝宠爱，所以一直跟随唐玄宗。她不仅是唐代时的舞蹈家，还是我国著名的宫廷歌舞艺术家，她擅长舞蹈，尤其以舞《凌波曲》而流传于世。

这些唐时的舞蹈家、音乐家、宫廷歌舞艺术家欢聚一堂，酣奏《凌波曲》，与之相匹配的舞蹈者，必然是当时出类拔萃的舞蹈家了。

这良辰美景，人间妙曲，配上阿蛮那罗袖飘香，出水芙蓉的舞姿，简直是人间仙境了。

阅读链接

大明宫延英殿在唐前期默默无闻，但是自"安史之乱"以后其在国家政治生活的地位却日渐提高，就其在政治方面的作用而言，已经远远超过了含元、宣政、紫宸三大殿。

延英殿的功能除了作为"延英召对"的场所外，还有群臣向皇帝问起居、延英奉觞、延英奉慰、延英中谢、召见官员、面授官职、召见外来使者、举办宴乐等许多功能。

南宽北窄的楔形建筑格局

　　作为唐朝宫殿的典型代表，唐大明宫在建筑风格和规模上，都带有那个时代的烙印，具有自己独特的建筑特色。大明宫与我国历代的古都遗址相比，其建筑宏伟、布局考究、工艺卓绝、形态富丽，充分昭示了大唐盛世的辉煌以及那个年代的建筑成就。

■大明宫遗址 大明宫遗址位于陕西省西安市自强东路以北、玄武路以南范围内，主要有麟德殿、含元殿、三清殿等殿堂遗址和重玄门、玄武门等宫门遗址。大明宫遗址保存比较完整，埋藏丰富，是唐代建筑研究的珍贵实物资料。

蓬莱山 又称为蓬莱、蓬山、蓬丘、蓬壶、蓬莱仙岛等，传说为渤海三座神山之一。实际上，早在秦始皇之前，"蓬莱"作为海上神山的名字就已经传开了。"蓬莱"作为地名，而不是神山名，最早有文字可考的见于唐代杜佑的《通典》中记载："汉武帝于此望海中蓬莱山，因筑城以为名。"

考古学家通过对大明宫的挖掘研究，已经将大明宫遗址整体景观布局清晰绘制出来。已经发现的40多处宫殿阁亭遗址，大多集中在城北太液池的四周，主要有含元殿、麟德殿、三清殿、宣政殿和紫宸殿等。

从已经出土的遗址遗迹来看这座古宫城的建筑风格，学者们对唐大明宫建筑总结了几个方面的特点。

首先，从整体来看，大明宫建筑群规模宏大，规划严整。宫城平面呈不规则长方形。全宫分为宫和省两部分，省衙署基本在宣政门一线之南，北属于"禁中"，为帝王生活区域，其布局以太液池为中心而环列，依地形而灵活自由。宫城之北，为禁苑区。

其次，大明宫建筑群处理愈趋成熟。建筑加强了突出主体建筑的空间组合，强调了纵轴方向的陪衬手法。全宫自南端丹凤门起，北达宫内太液池蓬莱山，为长达约1.6千米的中轴线。

■麟德殿模型

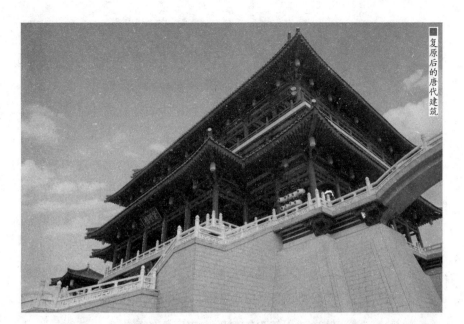

　　轴线上排列全宫的主要建筑：含元殿、宣政殿、紫宸殿，轴线两侧采取大体对称的布局。含元殿利用突起的高地，即龙首原作为殿基，加上两侧双阁的陪衬和轴线上空间的变化，形成朝廷所需的威严气氛。

　　最后，大明宫建筑在技术方面，使用木建筑解决了大面积和大体量的技术问题，并已形成定型化。如麟德殿，由前、中、后殿组成，面积约5000平方米，为太和殿的3倍。其采用了面阔11间，进深17间的柱网布置。

　　殿东西两侧又有亭台楼阁衬托，造型相当丰富多样。主殿含元殿则用减去中间一列柱子的办法，加大空间，使跨度达到10米，这可以证明唐初宫殿中木架结构已具有与故宫太和殿约略相同的梁架跨度。

　　另外，大明宫在建筑艺术方面，该建筑群的建筑工艺精细而成熟，凝聚着当时匠人们的智慧结晶。大明宫每个殿堂的门窗都设计得朴实无华，给人以庄重和大方的印象。建筑风格气魄宏伟，严整而又开朗。

大明宫现存的木建筑遗物反映了唐代建筑艺术加工和结构的统一，在建筑物上没有纯粹为了装饰而加上的构件，也没有歪曲建筑材料性能使之屈从于装饰要求的现象。这固然是我国古典建筑的传统特点，但在唐代建筑上表现得更为彻底。

其中，含元殿踞龙首原高处，高出平地10余米，前有长达75米的龙尾道。殿阶局部用永定柱平坐，这种较古的方法，唐以后逐渐淘汰。整组建筑气魄雄伟，足可代表当时高度发展的文化技术。

含元殿和麟德殿的开间尺寸，不过5米稍多，最大梁栿跨距，不过4椽，尺度不及后世，用料也相对较少。用较少的料而构成宏伟的宫殿，应该说技艺已相当纯熟了。

唐大明宫之所以会有这样的建筑成就，应当说与唐代当时的繁荣是分不开的。

大明宫不仅建筑风格端庄富丽，建筑规模也是后世许多朝代所不能媲美的。关于大明宫的规模，《唐六典》《长安志》《唐西京城坊考》《长安图》里记载不一，与考古实测也有出入。

经过实地测量，纠正了文献记载中关于大明宫范围数与平面形制上的错误，确

■ 大明宫青铜钟

认大明宫周长7.6千米，面积为3300平方米，是一座平面形制南宽北窄的楔形，为长安三大内中规模最大的一处宫殿区。

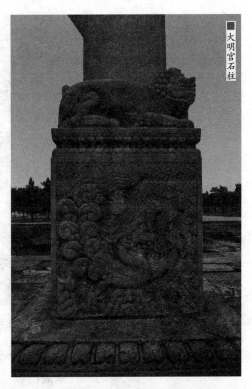

造成大明宫这种建筑布局的原因，总的来看，是受到了3个条件的限制。

其一，"大明宫地本太极宫之后苑东北面射殿"。唐太宗开始营建大明宫，是在此射殿的基础上进行扩建的，因而宫内的布局，受到了原先建筑物一定的限制。

其二，大明宫地处龙首原上，宫内的建筑只能因山原的起伏之势而建，布局规划也受到了地形条件的一定限制。

其三，大明宫的营建，是经过了贞观和龙朔两个时期，两次大型的施工，时隔了27年，才逐步扩建而成。起初仅为避暑之离宫，后来才发展为皇帝听政的地方。因而在建筑布局上，很难有一个完整严密的规划。

正因为如此，大明宫的平面形制，并不是传统规矩的方形或长方形，而是北窄南宽的楔形；宫内有些建筑的排列，也不十分规整；殿阁的建筑坐向，也不都是坐北朝南。

由于大明宫的建筑受到以上条件的限制，所以唐代大明宫建筑群在规划布局方面就形成了自己独特的特点：

其一，大明宫的基本布局，仍采取"前朝后寝"的传统殿堂建筑

宫殿怀古

古风犹存的历代华宫

■ 大明宫遗址公园内的阁楼

紫宸门 殿门名，紫宸门内有紫宸殿，称为"内朝"，群臣在这里朝见皇帝。含元殿、宣政殿、紫宸殿组成的外朝、中朝、内朝格局多为后世的宫殿所效仿，北京紫禁城的太和、中和、保和三殿便是这种格局的体现。

原则。宫内的建筑，以紫宸门为界，划分为前朝和后廷两大部分。紫宸门以前，属于前朝大典和中朝听政议事之处；紫宸门以后，属于后寝地区，为皇帝在内廷引见个别亲信大臣及皇帝与后妃居寝之所。

其二，大明宫虽然由于龙首原地形条件的限制，宫内建筑的排列不如太极宫那样规整严格，但以中轴部位安排主要建筑的布局思想，仍然十分明显。

如丹凤门与含元殿、宣政殿、紫宸殿，依龙首原地势起伏，南北相沓，都建在山原的高处，如《雍录》所记载：

> 唐大明宫尤在高处，故含元殿基高于平地四丈。含元殿之北为宣政，宣政之北为紫宸殿，地每退北，辄又加高，至紫宸殿则极矣。

这种以中轴部位和在高冈地段安排主要建筑的做法，既突出了三大殿象征最高封建统治的重要地位，又使这些宫殿建筑更加巍峨高耸和雄伟壮观。

其三，在大明宫北部的内廷地区，以中部的太液池为界，又分为东西两个大的活动地区。太液池以西，以麟德殿、金銮殿和翰林院等为主，是皇帝在内廷引对僚臣、举行宴会和观乐赏戏之处；太液池以东，以蓬莱殿、浴堂殿、绫绮殿等为主，主要是皇帝与后妃的生活区。

其四，大明宫附设有防卫性的布局结构。如在宫城的南部，增设了3道东西方向平行的宫墙。第一道宫墙在含元殿前120米处；第二道宫墙与含元殿相齐；第三道宫墙与宣政殿相齐。第三道宫墙的修筑，不仅使大明宫前朝部分在布局上有前、中、后的内外

《雍录》 宋代程大昌编撰，共10卷。该书主要记载古雍州也就是长安的建置、都邑、宫殿、苑囿、山原、河渠、关隘、桥梁、郊祠、寺观、陵墓、历史事件等方面内容，拟为若干专题讲述考辨，并附32张图。

■ 大明宫遗址公园建筑

大明宫丹凤门

之分，而且宫墙层层相隔，利于防卫。

同时，在大明宫宫城北部的东、西、北面，修有防卫性的复墙夹城。此外，宫内的含元殿和麟德殿，多采取对阁连廊的建筑形式，形成了一组组严密的防御体系。大明宫这种防卫性的布局和建筑结构，反映了当时武则天为巩固其统治而注重于内防的特点。

阅读链接

紫禁城中清故宫的太和殿经常被俗称为"金銮殿"，然而，金銮殿的出处却是在唐朝长安的大明宫。不过，大明宫的金銮殿并非皇宫中最为重要的正殿，也不是皇帝处理政务的最重要场所。

宋代时仍沿袭唐制，也在京城建有金銮殿。而唐宋时期出现许多文人雅士，在写作中都把皇宫正殿称为金銮殿，再加上之后的一些民间戏曲小说中，也有相同的称呼。因此，皇宫正殿称为金銮殿的俗称也就日渐形成。

随着大唐王朝陨落的大明宫

公元745年，唐玄宗册封杨玉环为贵妃。从此，唐玄宗的生活彻底改变了。皇帝沉迷在他擅长的爱情和音乐当中，不理政事，国家大权相继落入宰相李林甫和国舅杨国忠手中。唐朝在达到史无前例的繁荣之时，开始走向浮华衰败。

公元750年，大唐西部的边防军与阿拉伯军队爆发了一场战争。3万名唐军受到阿拉伯联军的包围，战斗进行得非常惨烈。唐军统帅高仙芝只带领了几百人突围，1万多唐军被俘虏，其余的悉数战死。

■ 杨贵妃塑像

此次战争极大地影响了世界历史的进程。被俘虏的唐军中有不少工匠，造纸术和火药术从此传入了阿拉伯，许多我国独有的技术从阿拉伯开始西

马嵬 陕西省咸阳市兴平市辖镇，地处关中腹地。公元393年，朝廷委派名叫"马嵬"的地方武官，率众筑城，固守疆土，便因此得名。公元755年，唐代"安史之乱"爆发，唐玄宗西逃，在此地爆发震惊中外的"马嵬兵变"，杨贵妃被赐死。

传。在此之后，大唐军队再未到过波斯地区，大唐王朝的影响力也逐年削弱，危机重重。

公元736年，胡人安禄山因罪被押往长安，后被唐玄宗赦免，获得了皇帝的信任，并认杨贵妃为母。

公元750年，安禄山被封为郡王。仅仅几年时间，安禄山便成为了大唐王朝最有权势的封疆大吏。

安禄山一人兼任三方节度使，兵力达到了20多万。当时，由于太平已久，整个帝国的兵力也不到60余万人。

公元755年，安禄山造反，15余万大军由北南下，直逼大唐的东都洛阳。12月，在几乎未遭到任何抵抗的情况下，安禄山进入洛阳城。当叛军直趋京城时，唐玄宗正与他心爱的女人杨贵妃纵酒放歌。

公元756年6月初，潼关陷落，长安已在叛军的视野之内。6月12日黎明，年老的唐玄宗决定出逃四川。

安禄山的军队进入长安城后，长安陷入了血雨腥风之中，许多没有来得及出逃的皇室被残忍地杀死，乱军和土匪涌入大明宫，趁乱打劫。

据史书记载，大明宫的左藏库和大盈库被烧，财物被抢一空，有人甚至将毛驴赶进了宫殿。

从长安逃亡蜀地的路上，

■ 大明宫遗址公园内塑像

■ 杨贵妃墓

在一个叫马嵬的驿站，皇家卫队发动兵变，杨贵妃被迫在一个佛堂前的梨树下自缢而死。而此时的唐玄宗再也拯救不了他心爱的女人了。

公元762年，李隆基在孤独中死去。第二年，持续了8年之久的"安史之乱"终于落下了帷幕。但是，大唐王国的噩梦并未结束。大明宫的皇帝一次次在噩梦中惊醒，大唐的江山从此风雨飘摇。

公元763年，吐蕃军队攻入长安，唐代宗又一次选择了出逃。吐蕃人在长安城中大肆掠夺，焚毁房舍。据史书记载，大明宫中的皇家府库遭到了洗劫。

公元783年，来自甘肃的藩镇军队哗变，攻入了大明宫，唐德宗无奈从大明宫北门出逃，大明宫再次遭到了洗劫。

公元815年凌晨，甘肃藩镇刺客暗杀了宰相武元衡，御史中丞裴度重伤。这是唐朝历史上绝无仅有的惊天大案，恐怖气氛笼罩着整个长安城。

武元衡 唐代诗人、政治家，字伯苍。武则天的曾侄孙。他被平卢节度使李师道遣刺客刺死，后被追赠司徒称号。他著有《临淮集》10卷。

裴度 唐朝名相，字中立，他是唐代后期杰出的政治家。德宗贞元五年的进士，宪宗元和时累迁司封员外郎、中书舍人、御史中丞。拜中书侍郎，同中书门下平章事。封晋国公，穆宗时数度出镇拜相。官终中书令。

大明宫遗址壁画

宫殿怀古

古风犹存的历代华宫

　　唐宪宗启用重伤的裴度为宰相，打击藩镇。经过唐宪宗君臣的共同努力，四分五裂的大唐帝国一度出现了中兴的迹象。但是，晚年的唐宪宗逐渐沉迷于道教之中，以致无法自拔，最终因食用道士的丹药而中毒身亡。

　　公元835年，两个宦官首领指使神策军闯入中书省和门下省，逢人便杀，600多名官员死于非命。这就是大唐历史上著名的"甘露之变"。

　　在中唐以后，内侍省的宦官不仅掌握着皇家的禁军，而且经常把持朝政。他们不仅可以废立皇帝，就连皇帝的性命也控制在他们手里。在大唐历史上，至少有3位皇帝被宦官杀死。

　　公元875年，年仅14岁的李儇继位，后认宦官田令孜为阿父，这就是唐僖宗。

　　公元880年，当黄巢起义军向长安挺进的时候，唐僖宗正主持一场耸人听闻的赌局，让4个高级官员用击马球的方式来决定任职的地方，获胜者有权选择最为富庶之地。这就是历史上臭名昭著的"击球赌三川"事件。不久，唐僖宗就走上了逃亡之路，成为大唐开国以来第四位逃离京城的皇帝。长安城一片大乱，军士及百姓争先恐后闯入皇家府库盗取金帛。大明宫又一次陷入血雨腥风当中。

黄巢在年轻时曾来过长安，屡次应试不中之后，写下了诗句：

待到秋来九月八，我花开后百花杀。

冲天香阵透长安，满城尽带黄金甲。

对于黄巢而言，长安就是他最理想的彼岸，这个彼岸的焦点就是大明宫。

12月，黄巢在含元殿称帝。只是，这黄金甲给长安城带来的不是希望，而是无比巨大的灾难。农民军大肆抢劫，洗劫了这个世界上最富裕的城市。

公元883年，当黄巢退出长安时，据《旧唐书》记载，官军涌入城内，大明宫出现了：

争货相攻，纵火焚烧，宫室里坊，十焚六七。

公元885年，北方游牧民族沙陀军又再次攻入长安。大明宫在这次战乱中破坏惨重，含元殿和麟德殿均被焚毁。

公元885年，唐僖宗重返长安。然而，大明宫已经破毁不堪，荆棘满城，孤兔纵横。屡遭蹂躏的大明宫再也无法居住了，唐僖宗只能迁入太极宫。

从建成之日算起，经过222年之后，大明宫结束

唐宪宗（778—820），唐朝第十二位皇帝，继位以后，励精图治，重用贤良，改革弊政。他在位15年间，勤勉政事，力图中兴，从而取得了元和削藩的巨大成果，并重振了中央政府的威望，史称"元和中兴"。

神策军 "安史之乱"后新建的禁军，是一支以宦官为统帅和由宦官控制的军队，具有不同于其他军队的一系列特征，在唐朝中晚时期的政治斗争中扮演着重要的角色。

唐僖宗 李儇，初名俨，唐朝第十八位皇帝，唐懿宗第五子。在位13年，享年27岁，死后谥号为惠圣恭定孝皇帝。懿宗病重弥留之际，他在宦官的支持下被立为皇太子，改名李儇，并于懿宗死后柩前即位。当时年仅11岁。

大明宫遗址出土的屋檐

宫殿怀古

古风犹存的历代华宫

了大唐权力中枢的历史使命。

公元896年，一个节度使攻入长安，大明宫又遭焚毁。

公元901年，节度使与宦官争权，大明宫被烧，几乎成了废墟。

公元904年，节度使朱温挟持唐昭宗迁都洛阳，一同迁移的还有长安的居民。朱温下令毁掉长安的民房和宫殿，大明宫遭到毁灭性打击，至此彻底沦为废墟。

公元907年，唐哀帝被迫让位于节度使朱温，大唐帝国正式灭亡。

长安，这个曾经包容万千的城市，历经了千万杀戮后，已经被肢解得支离破碎了。作为唐王朝的中枢，大明宫的命运和唐王朝的命运是紧紧相连的，当大唐王朝走向灭亡的时候，也是大明宫变成废墟的时候。

阅读链接

大明宫和长安城一样，是在唐末的多次战乱中毁灭的，它与长安城的命运息息相关。

对长安城最后一次的彻底破坏是904年，朱温威逼昭宗迁都洛阳，并且命令长安居民按户籍迁居。他命人拆毁长安城内全部残存的宫殿、宫舍和民房，并将木料由渭河浮河而下，运往洛阳。

经过这一次浩劫，当时世界上最大的繁华城市变成了废墟。在这次拆毁之前，大明宫能烧的部分早已烧完，余下的残砖碎瓦无法向洛阳拆运。只在后来，被城内留守的官员和居民拆了修房去了。

华清宫

华清宫是我国古代的离宫，位于陕西省西安市城东的临潼区内，南依骊山，北临渭水，内有自然造化的天然温泉，以温泉汤池著称。秦始皇曾在此"砌石起宇"，西汉、北魏、北周、隋代也在此修建汤池。

公元644年，唐太宗诏令在此造殿，赐名汤泉宫。公元747年改名华清宫。当时这里台殿环列，盛况空前，但安史之乱后皇帝很少游幸。至唐朝末期就成为了废墟，五代成为了道观。

拥有千年历史的皇家离宫

　　根据历史文献和考古发掘的资料证明，华清宫作为古代离宫，已有6000多年的温泉使用史和3000多年的皇家园林建筑史。

　　早在3000年前西周时，周幽王就在临潼修有"骊宫"。秦朝时，在

■骊山秦始皇帝陵标识

■华清宫浮雕

秦始皇选择骊山修造陵墓后，便在骊山旁边有温泉的地方修建宫殿。北周时期将骊山温泉建成了一座规制恢宏，匠心独具的皇家行宫。

经过北魏、北周、隋朝的修筑与园林美化，骊山行宫规模空前。堂皇殿宇，迤逦相望，画阁亭楼，金碧辉煌，配以自然山色，温泉烟雾，松柏翠绿，山花烂漫，如锦似绣的园林风光，成为人间仙境。

到了唐代，唐太宗李世民在以前的基础上修建了汤池，赐名为"御汤"，并把重新翻修好的宫殿起名为"汤泉宫"。

然而，唐太宗修建的"汤泉宫"并非是历史上最恢宏的时期。而令温泉宫殿达到历史上最宏伟鼎盛的，是唐玄宗李隆基。唐玄宗统治时期的盛唐，国家基础雄厚，民富国安。他于公元742年下诏，花费巨资修建宫殿。

工匠阎立德在以前宫殿的基础上充分发挥地理上

阎立德 唐代建筑家，工艺美术家，画家。阎立德出身于工程世家，曾任尚衣奉御、将作少匠、将作大匠、工部尚书等。曾受命营造唐高祖山陵，督造翠微、玉华两宫，营建昭陵，主持修筑唐长安城外郭和城楼等。

册封 古代，皇帝以勋封爵号授给异姓王、宗族、后妃等，都经过一种仪式，在受封者面前，宣读授给封爵位号的册文，连同印玺一齐授给被封人，称为册封。册封制度的历史十分悠久，早在殷商时期就已经产生。

的优势，依骊山的山势而筑，环山列宫殿，宫周筑罗城，并修有登山的夹道和通往长安的复道，把这里同长安的"大明宫""兴庆宫"连为一体。

由于唐玄宗是个十分笃信道教的人，因此在公元747年，新宫落成时，唐玄宗便取道教经书中的"华清宫"能使人得道成仙之意，把骊山宫殿正式定名为"华清宫"。又因为宫殿坐落在温泉汤池上，所以也称为"华清池"。

而唐太宗李世民曾经用过的"御汤"，也被唐玄宗改名为"星辰汤"。

唐华清宫为富丽宏大的建筑群，从山顶至山下，

■ 华清宫景观

■ 杨玉环（719—756），字太真。她先是寿王李瑁的王妃，后来成为唐玄宗李隆基的贵妃。杨玉环与西施、王昭君、貂蝉并称为我国古代四大美女，四大美女有"沉鱼落雁之容，闭月羞花之貌"。其中"羞花"说的就是她。

宫殿林立，楼阁相属，既合理地利用了温泉，又体现了宫内严谨的布局。

华清宫是唐玄宗与杨贵妃浪漫爱情的历史见证。

杨贵妃原名杨玉环，生于公元718年，唐代蒲州永乐人。从小随叔父在河南长大。她天资聪颖、通音律、善歌舞。

公元735年，杨玉环被册封为唐玄宗第十八子寿王李瑁妃。公元737年，唐玄宗的宠妃武惠妃去世，玄宗悼惜不已，整日闷闷不乐，后宫美女数千，竟无一人中意。

洞知玄宗心思的高力士便暗搜外宫，于740年发现寿王妃，并被玄宗看中，为避人耳目，将寿王妃召入道观，赐道号太真，这样一来就解除了李瑁与杨贵妃的夫妻关系。

公元745年，唐玄宗正式册封杨玉环为贵妃。因唐玄宗通音律，而杨玉环善歌舞，两人在感情志趣上情投意合，使得玄宗对杨玉环宠爱有加，宫中呼为"娘子"，礼仪皆如皇后，真是"后宫佳丽三千人，三千宠爱在一身"。

高力士 本名冯元一，他是我国唐代的著名宦官之一。他幼年时入宫，受到当时女皇帝武则天的赏识。在唐玄宗管治期间，其地位达到顶点，由于曾助唐玄宗平定叛乱，故深得玄宗宠信，终于累官至骠骑大将军、进开府仪同三司。

骊山华清宫

据历史记载，公元750年，唐玄宗与杨贵妃在骊山半山腰的长生殿前相依而立，他仰望星空，因羡慕牛郎织女的多情，伤感人世间的多变，便双双跪地对天盟誓，愿生生世世为夫妻。

《长恨歌》中对此情景的描写：

七月七日长生殿，夜半无人私语时。

在天愿做比翼鸟，在地愿为连理枝。

"门外千官罢早朝，三郎沉醉不知晓。"从公元747年至公元755年，每年十月，玄宗便携贵妃姊妹及亲信大臣，从京都长安来华清宫淋浴温泉，号称"避寒"，直至第二年暮春三月才返回京师长安。

阅读链接

"十月一日天子来，青绳御路无尘埃"，玄宗李隆基和杨玉环在华清宫度七夕，避夏暑，处理朝政并接受万国使臣的朝拜。因此，华清宫又有"第二都城""第二长安"之称。

他们整日在华清宫里饮酒作乐，由梨园弟子奏乐助兴，打马球、观斗鸡、看舞马，过着穷奢极欲的生活。这也为唐朝的衰落埋下了隐患。

唐朝在华清宫的奢侈中没落

华清宫宫内修置了百官衙署及公卿府第等，还修有寝殿、皇帝唐玄宗专用的"御汤九龙殿"、杨贵妃沐浴的"海棠汤"及供百官公卿沐浴的"尚食汤"等。除此之外，还有"斗鸡殿""按歌台""大小马球场"和"舞马台"等。这一系列的建筑，都反映了当时大唐皇室的

■唐太宗《温泉铭》碑

墨玉 一种珍贵而稀有的自然资源，古人将其与钻石、宝石、彩石并称为"贵美石"。墨玉指的是新疆和田玉中的一个名贵品种，它具备和田玉的优秀品质，坚致温润，其漆黑如墨，色重质腻，纹理细致，光洁典雅。

骄奢生活。

唐代时期的飞霜殿，是唐玄宗与杨贵妃游幸骊山使用的寝殿。相传此殿落成之时，正适冬季，雪花漫天飞舞还没落及地面就被大殿四周温泉的热气蒸腾到空中，落雪为霜，故称"飞霜殿"。

"海棠汤"又名"芙蓉汤"，俗称"贵妃汤"。始建于公元747年，因汤池平面呈一朵盛开的海棠花而得名。唐人的构思超俗，设计新颖，一方面用海棠花的艳丽衬托贵妃的娇美；另一方面用海棠花的造型形象比喻杨贵妃丰腴的形体。

汤池的池壁由4块墨玉拼砌而成，汤池东西长3米多，南北宽大约3米，东西两侧分别设有一组踏步便于上下，充分体现出唐代建筑艺术中对称协调的美学观念。

■ 华清宫莲花喷泉

不仅如此，汤池的供水系统也设计得非常科学合理，池底正中有一进水口，进水口上装莲花喷头，寓意为海棠花的花蕊，下接陶制水管道，与温泉总源相通。温泉因自然压力从花蕊中自动喷洒而出，喷出的形式与喷泉相似，而洒下来的形式，正如我们今天生活中的淋浴。

"回眸一笑百媚生，六宫粉黛无颜色"的杨贵妃在海棠汤中淋浴了近8个春秋。淋浴时为增加情趣，池中洒有鲜花的花瓣和具有美容养颜功效的中药材及价值昂贵的香料，享受香汤沐浴。

"骊山飞泉泛暖香，九龙呵护玉莲房"，贵妃在这里荡涤尘垢，也在这里享受着温泉赐给她的尊贵、温暖与舒适。白居易的《长恨歌》中有对此情景的绝妙写照：

> 春寒赐浴华清池，温泉水滑洗凝脂。
> 侍儿扶起娇无力，始是新承恩泽时。

莲花汤是专供唐玄宗李隆基沐浴的，是唐华清宫御汤池中最有气势、最具代表性的汤池。宫殿建筑面积达400多平方米，有内外殿之分。

方位 方位是各方向的位置。四方位或基本方位就是东、西、南、北，相对方位是前、后、左。一般有下面几种含义。一种是风水学上的宅方位的吉凶方位；一种是舞蹈学上的舞步，舞姿在舞步结束时面对的方向；另外一种意思是星系上，星球对角的距离。

二十四节气 起源于黄河流域，远在春秋时期，我国古代先贤就定出仲春、仲夏、仲秋和仲冬4个节气，以后不断地改进和完善，至秦汉年间，二十四节气已完全确立。公元前104年，由邓平等制定的《太初历》，正式把二十四节气定于历法，明确了二十四节气的天文位置。

御汤可储水近100立方米，俨然是一座庞大的室内游泳池，充分显示出唐代追求恢宏大气的社会风尚及皇权神授的至高无上和唯我独尊。

莲花汤造型奇特，上下两层台阶不同的造型是唐代工匠创造性审美取向的结晶，上平面四角有一定的曲线变化，呈写实的莲花状；下平面为规则的八边形，"八边"代表着大地的8个方位，取"普天之下，莫非王土"之意。

莲花设计在大地八极之上，完全合乎根植于大地土壤之中而花浮于水的特殊生长规律；水、土、花三者紧密关联不可分割，这是大自然与宗教观念的整体结合，是将沐浴看作是与自然的沟通，最终实现"天人合一"的理念，这也就是唐人心目中沐浴的最高

■华清宫宫墙

境界。

唐玄宗李隆基是道教徒，他希望通过淋浴与天相连，在清泉、莲花的护佑下，求得一种解脱，一种升华，从而达到延年益寿、长生不老的目的。

这座汤池无疑是唐代礼制官设计师煞费苦心的创作，也深刻反映出玄宗皇帝对人间现实的肯定和感受、憧憬和执着。

星辰汤是唐太宗李世民"汤泉宫"的文化遗存。建于公元644年，专供唐太宗李世民所用，原名"御汤"，占地面积100多平方米。

■ 华清宫走廊

整个汤池的设计是阎立德根据唐代礼制规定，再结合天空星象、二十四节气，即天、地、人三位一体的理念设计建造的。古代人相信天上有天帝主宰宇宙，地上有皇帝统治人民，星座的位移、明暗、陨落，反映着皇权的变化。

信奉"天人合一"说法的唐玄宗便将酷像北斗七星的"御汤"，更名为"星辰汤"。

很显然，这些用意就是想企求苍天北斗保佑李氏王朝，永固帝位。当然也有企求皇天赐福，得道成仙，长生不老的内心秘密。

星辰汤离温泉水源最近，水质最好，地理位置最优越。泉水因自然漫溢涌入汤池形成了现代的自流水

北斗七星 北斗是由天枢、天璇、天玑、天权、玉衡、开阳、摇光7个星组成的。古人把这7个星联系起来想象成为古代舀酒的斗形。天枢、天璇、天玑、天权组成为斗身，古曰魁；玉衡、开阳、摇光组成为斗柄，古曰杓，就形成了北斗七星。

太子 又称皇储，储君或皇太子，是我国封建王朝中皇位的继承人。唐朝时太子的地位仅次于皇帝本人，并且拥有自己的、类似于朝廷的东宫。东宫的官员配置完全仿照朝廷的制度，还拥有一支类似于皇帝禁军的私人卫队"太子诸率"。

及冲浪浴的沐浴方式，更吸引了多位皇帝在此修建汤池。

尚食汤，形制小，工艺简单，并无奇特造型，相对于御用汤池，显然沐浴者的地位不及前者。曾有人解释：尚食汤是专供尚食局官员沐浴的。

然而根据考古学家多年的考证，只定位尚食官员不太准确。古文献记载，"尚"字还包括"赏赐、给予"的含义，而唐朝除尚食局外，随皇帝出行的还有尚药、尚衣、尚社、尚乘、尚辇五局官员。

就汤池的整体结构分析，汤池中间设有石隔墙，东、南、北三面修砌有入池石台阶，池中并无固定的坐向位置，充分说明尚食汤面积虽小，但在此沐浴的人较多，使用率较高，身份也较复杂。

由此可以推断得出，尚食汤在华清宫可解释为皇帝赏赐给等级较高的随行内侍官员的沐浴场所，

■ 华清宫凉亭

在此沐浴即常沐皇恩，知圣心之苦衷，为唐王朝的江山社稷效忠。

太子汤的沐浴者，顾名思义就是东宫的皇太子，建于公元644年，先后共经历80余年。

沐浴的皇太子有李承乾、李治、李忠、李弘、李贤、李宪、李旦、李崇君、李隆基、李瑛共10人，其中仅有4位君临天下，其他的几位都成了皇权斗争的牺牲品。由此可见，唐宫廷内部争夺皇位是何等的激烈和残酷。

太子汤采用"星辰汤"排水道供水，即摆正了皇帝与皇太子之间的尊卑关系，解决了礼制犯忌的问题，又寓意着来自"星辰汤"的温泉能使皇太子常沐父皇恩泽。

我国有温泉2700多处，是世界上温泉最多的国家之一。而华清池的骊山温泉因开发利用早，并且受历代帝王青睐而名冠诸泉之首，享有"天下第一御泉"的美称。

华清池水质纯净，具有医疗价值的矿物质和微量元素的含量较高。根据科学检测，骊山温泉水质属低矿化、弱碱性、中等放射性泉水，故又称硅水、氟水和放射性氡水。这些均达到了医疗用水的标准，故有"自然之经方，天地之元气"的美称。

■ 华清宫皇家园林石碑

骊山 是秦岭北侧的一个支脉，东西绵延20余千米，最高海拔1256米，远望山势如同一匹骏马，故名骊山。骊山温泉喷涌，风景秀丽多姿，自3000多年前的西周就成为帝王游乐宝地。周、秦、汉、唐以来，这里一直是游览胜地，曾营建过许多离宫别墅，吸引各代人来此。

宫殿怀古

古风犹存的历代华宫

王建 唐代诗人。他写了大量的乐府诗，同情百姓疾苦。又写过宫词百首，是研究唐代宫廷生活的重要材料。《宫前早春》形象地写出了温泉不仅用来沐浴，而且还用来培育瓜果蔬菜，使其早熟，供人们享用。

由于温泉神奇的功效，赢得帝王们的特别喜好，并形成了一种专供帝王享用的传统特权。

骊山温泉可疗疾起源于2000年前的秦代，据《三秦》记载：

秦始皇幸游骊山时遇见一位神女，遂有调戏之举，神女一气之下唾于始皇面部，始皇脸部遂即生疮，病久治不愈。

始皇追悔莫及，向神女表示忏悔，神女见其有悔改之意，便说："此有温汤，何不一洗。

始皇就用骊山温泉治疗了毒疮。秦始皇戏神女的传说虽不足信，但却印证了温泉可治愈疾病的历史。

骊山温泉除其特有的医疗作用和得天独厚的自然

■华清宫宫门

条件外，还可改变植物的生长习性。

相传秦始皇在冬季命人在骊山温谷中种西瓜，引起了儒生们的怀疑而被秦始皇坑杀，酿成了著名的"焚书坑儒"事件。当然这只是传说而已，不足为凭。

数百年后的唐代，唐华清宫内辟有西瓜园。有王建的佳句：

■ 华清宫龙纹瓦当

> 酒幔高楼一百家，宫前杨柳寺开花。
> 内园分得温泉水，二月中旬已进瓜。

证明了古代劳动人民能巧妙地利用温泉进行农业技术革新。除以上5组汤池外，华清宫内的娱乐性建筑也很丰富。

斗鸡在唐玄宗当政时期很盛行。唐玄宗年轻时就非常喜欢斗鸡，登上皇位以后，更加穷奢极欲。他不仅在长安建造专养斗鸡的"鸡坊"，在大明宫兴建"斗鸡楼"，而且也在华清宫骊山之上修斗鸡殿，这斗鸡殿位于观凤楼之南，"殿南有按歌台，南临东缭墙"。建造此殿用以满足玄宗观赏斗鸡的欲望。

李隆基是位杰出的乐器演奏家。他"凡是丝管，必造其妙"。尤其更爱击羯鼓，他称搋鼓为"八音之领袖"，每逢梨园演戏，不是披羽衣以登场，就是坐

焚书 秦始皇为了加强秦朝的中央集权，他下令焚烧《秦记》以外的列国史记，《诗》《书》及诸子百家之书，只有博士官可以保留，在民间的都限期交出并烧毁；医药卜筮种树之书民间可以保留；想学法令的人要以官吏为师。秦始皇下旨同意。此事，史称"焚书"。

■唐代宫女出游浮雕

贵妃 皇帝妃嫔封号之一。南朝宋武帝刘裕始设，地位次于皇后，自隋至清多沿置。其中唐玄宗初年曾停置，旋恢复。明成化年间，明宪宗在其上另设皇贵妃，位降一等。清代沿用。历代贵妃中最有名的就是唐玄宗的宠妃杨贵妃。

在前场亲打羯鼓。因此，他在朝元阁以东，近南缭墙之外建了一座羯鼓楼以满足歌舞时伴奏之用。

舞马祝寿乃唐玄宗时盛行之活动。每逢唐玄宗生日，大宴之上，满座绣衣，佳肴名膳，歌舞百戏，竞相比美。在奢华的气氛中《舞马》表演更有特色。

马身上装饰极为豪华，身披"络以金银的绣衣"，"倾杯乐"起，舞马便能随着音乐的节拍起舞。作为离宫的华清宫内，也特建有舞马台，此台位于斗鸡殿北，以便玄宗随时欣赏舞马表演。

唐代长安风行马球比赛，李隆基就善于打马球，而且表演甚为出色，所以，在华清宫宜春亭之北门外建有球场，在此球场以西，还设有小球场。

斗鸡走马，喜歌善乐的唐玄宗在宠爱杨贵妃后更加沉湎于酒色之中。而杨贵妃在受到唐玄宗宠爱后，在华清宫里也更加骄侈。

据史书记载，在唐玄宗在位期间，他先后到华清宫49次之多，尤其在公元740年，唐玄宗与杨贵妃初次相会于华清宫开始，到册封贵妃之前，唐玄宗因迷恋杨贵妃而不思政务。

公元751年冬天，唐玄宗与杨贵妃在华清宫居住90多天。此时的华清宫行宫，成了帝王的临时办公场所，也成了唐玄宗时代的临时政治中心。

正当唐玄宗和杨玉环在华清宫沉醉于奢华生活中时，安禄山于公元755年冬举兵范阳，揭开了反唐序幕，潼关失守，长安顿时乱作一团，唐玄宗和杨贵妃从华清宫回到长安的兴庆宫，仓皇出逃。华清宫在安禄之乱中遭到严重破坏，以后虽有修复，但已失去了昔日的繁华盛景。

唐末，华清宫遭到彻底破坏。公元936年至公元944年，在原来废墟上重新建筑，更名为灵泉观，为

兴庆宫 是唐玄宗时代的全国政治中心所在，也是他与爱妃杨玉环长期居住的地方，号称"南内"。宫内建有兴庆殿、南薰殿、大同殿、勤政务本楼，花萼相辉楼和沉香亭等建筑物。

■华清宫贵妃池

慈禧太后画像

道家之地。宋代仍旧。元代商挺在《修华清宫记》中写道：

> 及见，屋宇整修，阶序廊大，为殿昔八。曰三清、曰紫微、曰御容、曰四圣、曰三官、曰列祖、曰真武、曰玉女。

除此之外，还修有"朝元""冲明"两阁以及"九龙""芙蓉"两汤，建有钟鼓楼、灵官台等。一切建筑雕梁画栋，油漆彩绘，焕然一新。

清朝康熙乾隆年间，又修了一些新汤。八国联军入侵时，慈禧太后和光绪帝也曾在这里驻足，至清末这里共有五六个小汤，现有建筑，多为清代所建。

阅读链接

1987年，考古队发现了华清池园内现存的唯一唐代水井遗址。

据考察，这口水井距今已有1300年的历史，井口及井身呈椭圆型，底部略小，井壁蝇纹条砖和手印条砖错缝环砌而成，底无铺砖。

有人推测，唐代帝王驾幸华清宫时，吸取净水，饮食利用，唐玄宗在位期间，水井成为杨贵妃在华清宫的专用井。